ALEXANDRE ARAGÃO

VIM VENDI VENCI

r.ed

Produção Editorial RED TAPIOCA
Projeto Gráfico e Capa LEO EYER
Diagramação NATALLI TAMI KUSSUNOKI
Ilustrações ZDENEK SASEK | Dreamstime
Revisão THAIS TEIXEIRA MONTEIRO
Impressão GRÁFICA VOZES

Dados internacionais de catalogação na publicação (CIP)
(Câmara Brasileira do Livro, SP, Brasil)
Tábata Alves da Silva - Bibliotecária - CRB-8/9253

Aragão, Alexandre

Vim vendi venci / Alexandre Aragão — Rio de Janeiro : Red Tapioca, 2024

ISBN 978-65-86026-11-5

1. Marketing - Administração 2. Motivação 3. Sucesso nos negócios 4. Vendas - Técnicas I. Título.

23-193863 CDD - 658.53

Índices para catálogo sistemático:
1. Vendas : Estratégias : Administração 658.85

www.alexandrearagao.com

**Dedico este livro a todos aqueles que,
com a arte da venda,
fazem o mundo girar.**

Agradeço à minha família, sempre ao meu lado.

Agradeço aos meus sócios por toda confiança, comprometimento e talento dedicado em tantos anos de luta.

Agradeço a tantos amigos, realmente feras em trade marketing e vendas, com quem tive o privilégio de conviver e aprender em anos inesquecíveis na BAT, e que hoje espalham seu talento por tantas empresas e lugares ao redor no mundo.

Agradeço aos profissionais que escolheram estar conosco e colaboraram com criatividade e suor para fazer boas ideias acontecerem, desde a fundação da agência de marketing WeDo até a criação do software de gestão Team and Field (ex PDV Info).

Agradeço a centenas de clientes que confiam no nosso trabalho e nos permitem com isso agregar um conhecimento e uma experiência prática que nenhuma escola do mundo poderia nos dar.

Espero poder contribuir, por meio deste livro, com um pouco de tudo que recebi.

SUMÁRIO

INTRODUÇÃO

Vencer e vender. Vender e vencer. Impossível escrever um livro sobre vendas e não refletir sobre palavras tão semelhantes e tão ligadas uma à outra.

Para vencer, é preciso vender. Para vender, é preciso vencer.

Este livro é sobre isso. Seja você um vendedor profissional ou não, você será mais feliz e estará mais próximo dos seus sonhos se usar a arte da venda para vencer na vida.

Se você atua na área de vendas, abrace sua vocação e tenha orgulho da sua importância. Sem vender, sua empresa não teria chegado até aqui e certamente não irá muito longe.

Para falar de vendas, precisamos falar em vencer. Vencer desafios. Também precisamos falar de proatividade, de disciplina, de motivação, de persistência, da gestão do tempo e de hábitos saudáveis. Essas são questões básicas que valem para tudo o que você pretende alcançar em sua vida.

O objetivo deste livro é que você tenha à sua disposição, de forma simples e fácil, um guia de cabeceira a que possa recorrer a cada dia. Abrir uma de suas páginas, ler algumas linhas e saber que você tem tudo para vender e vencer.

Manter a chama da motivação acesa é fundamental para que você obtenha não apenas momentos de conquista, mas uma vida inteira de sucesso.

Então, aperte os cintos e prepare-se para uma jornada sobre uma das mais honrosas atividades humanas, aquela que faz as empresas sobreviverem e a roda da economia girar.

Vamos lá?

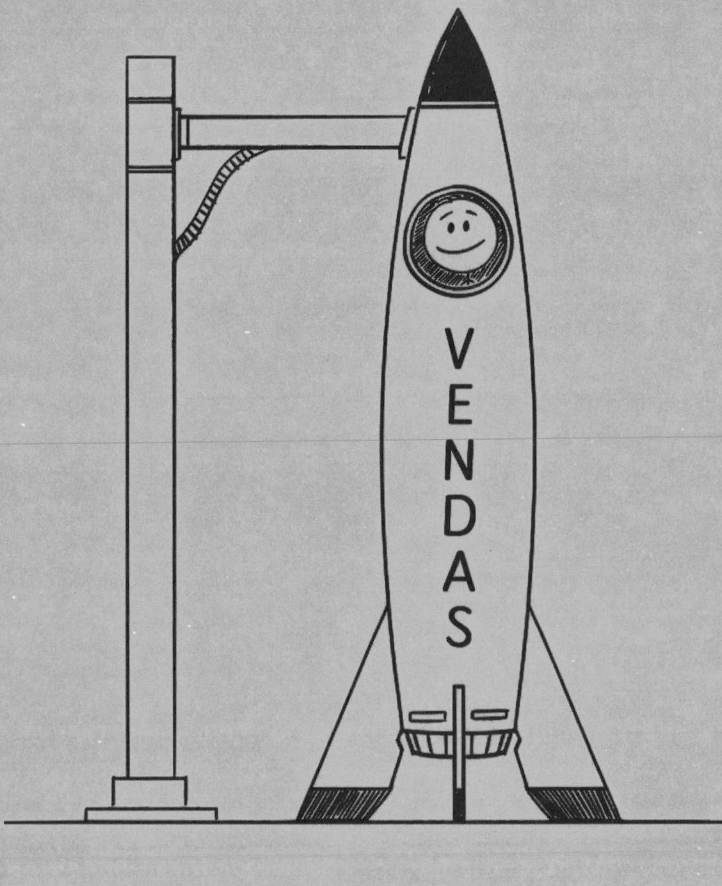
VENDAS

Vender é muito mais olhar para o outro do que olhar para si mesmo.

A IMPORTÂNCIA DE VENDER

Por alguma razão, ao longo do tempo a palavra "vender" ganhou uma conotação um pouco negativa. Isso não deixa de ser curioso, uma vez que o ato de comprar e vender — uma evolução histórica do ato de trocar — contribuiu de forma fundamental para a evolução de nossa sociedade.

Vender, de uma maneira mais ampla, é algo que vai além da troca de mercadorias por moedas. Vender é ter empatia, entender as necessidades de outras pessoas e resolver seus problemas. Vender é conhecer o outro e saber oferecer a ele algo que lhe dará satisfação.

Do ponto de vista macro, a venda é a base do mundo capitalista em que vivemos. Do ponto de vista micro, vender é simplesmente a ação mais importante para a existência de qualquer empresa no mercado, e a ação que determinará a sua continuidade.

Se ampliarmos o significado da palavra "vender", usando-o para a "venda de ideias", ou a "venda de uma imagem positiva", ou o abrangente "vender seu peixe", passamos a entender claramente que a venda faz parte da vida de cada um de nós, em todos os dias de nossa existência. Sem ela, não conseguimos chegar em lugar algum, seja do ponto de vista pessoal ou profissional.

Portanto, vender faz parte do dia a dia de todas as pessoas, que podem ser melhores ou piores vendedoras, mas que muitas vezes não se reconhecem como tal, talvez por certo preconceito ou certo peso que a palavra vendedor carrega em si.

A história nos mostra que a venda impulsionou os momentos mais importantes no desenvolvimento da nossa sociedade. Veja, por exemplo, o papel do mercador e das primeiras feiras na formação das cidades; ou o papel fundamental do comércio como início da integração dos povos do Ocidente e do Oriente; ou seu papel na Revolução Industrial. O que havia por trás desses movimentos era o atendimento às necessidades das pessoas e a geração de riqueza através da venda.

Esse entendimento e a mudança de perspectiva quanto à importância da venda é uma das questões vitais para se restaurar não apenas a relevância do papel do vendedor, mas restaurar sua autoestima e o orgulho em exercer a sua profissão.

É claro que a forma de vender muda com a evolução tecnológica e a evolução nos relacionamentos humanos, mas a necessidade de atender as necessidades de pessoas, de empresas e de outras entidades sempre existiu e sempre existirá. E, para isso, o trabalho de vender é e continuará sendo fundamental.

Venda é network. Venda é conectar pessoas. Venda é conectar empresas. Venda é um elo fundamental entre as necessidades e as soluções para elas. Venda é um ponto crucial para a evolução e a inovação. Venda é uma via de mão dupla, em que o vendedor e o comprador poderão trocar ideias e dali sairá um produto melhor e uma melhor forma de prestar algum tipo de serviço. Vender não é apenas falar sobre seus produtos e serviços. Vender é, na verdade, muito mais ouvir, e com isso entender como resolver os problemas existentes, entregando a melhor opção.

Ou seja, vender está relacionado à comunicação. Sem uma boa comunicação a venda não acontece. Chacrinha já vendia o seu peixe (ou, no caso, o seu bacalhau) quando dizia que "quem não se comunica se trumbica".

Venda é credibilidade, pois sem ela não existe a confiança necessária para a sua realização. Venda é conhecimento, pois sem ele não é possível oferecer o que as pessoas e o mercado esperam para satisfazer as suas necessidades. E se o consumidor não tiver conhecimento do seu produto ou serviço, este será invisível para ele, que por isso não o comprará, por melhor que seja. Venda é ação, pois sem você se mexer nada acontece. Aliás, na maioria das vezes, quem vende mais não é o

que oferece o melhor produto ou serviço, mas sim aquele que coloca maior energia em suas ações e com isso consegue estar mais presente no momento em que o consumidor busca satisfazer suas necessidades e resolver seus problemas.

Quando percebemos que vender é mais sobre o outro do que sobre nós mesmos, quando percebemos que vender é sobre resolver problemas, quando percebemos que vender traz benefícios não apenas para o vendedor mas principalmente para quem compra, quando percebemos que vender é uma troca e uma solução, quando percebemos que vender é algo vital para que haja inovação, daí podemos virar a chave e valorizar essa atividade tão nobre e fundamental para o desenvolvimento da sociedade humana, das empresas e de cada um de nós.

Pense bem: sua importância é tamanha que, sem a venda de produtos e serviços, nenhuma empresa evoluiria e nenhuma das demais funções de qualquer empresa existiria. Mesmo uma empresa sem fins lucrativos precisa saber vender, no mínimo, as suas ideias. Sem a venda não haveria a troca de mercadorias, a geração de riquezas, o pagamento de impostos, o desenvolvimento de novos produtos e as soluções ou a inovação em busca da superação e da conquista de mercado. Ou seja, não haveria progresso.

A atividade de vendas é a atividade primordial de toda empresa, pois sem ela não haveria nenhuma outra ao seu redor. A atividade de vendas é a responsável por prover os nutrientes necessários para o funcionamento do organismo vivo que é qualquer organização no mundo capitalista e meritocrático em que vivemos. Seja a empresa vendedora de mercadorias, de serviços ou de ideias, a atividade de vendas continua sendo fundamental, portanto qualquer empresa precisa ter a habilidade de vender para gerar receitas e sobreviver. Isso envolve:

- MOTIVAÇÃO
- PERSEVERANÇA
- RESILIÊNCIA
- PROATIVIDADE
- COMUNICAÇÃO
- CONHECIMENTO DO PRODUTO OU SERVIÇO
- ACREDITAR NO QUE A EMPRESA OFERECE
- TER UMA BOA APRESENTAÇÃO
- SABER DEMONSTRAR
- HABILIDADE EM NEGOCIAÇÃO
- FECHAMENTO DE NEGÓCIOS
- FOLLOW-UP
- PESQUISA DE MERCADO
- CONHECIMENTO DO SEU PÚBLICO
- GERAÇÃO DE LEADS
- PROSPECÇÃO
- ALTAS DOSES DE ENERGIA

A lista acima mostra, ao mesmo tempo, a importância e a dificuldade de se ter bons profissionais de vendas em uma equipe, pois as habilidades necessárias são inúmeras. Entender a importância e valorizar o vendedor é fundamental para o sucesso de qualquer organização. Do outro lado da moeda, uma equipe de vendas precisa entender a sua importância, ter o suporte necessário de toda a empresa e se sentir valorizada para que assim possa alcançar a performance pretendida.

Sem uma motivação forte o suficiente para persistir, um vendedor não irá sobreviver por muito tempo na arena da batalha mercadológica. É preciso que ele entenda a sua importância e por que seu trabalho é fundamental. É preciso que ele seja motivado e que seja remunerado adequadamente pela importância de sua função, sempre baseado nos resultados que alcançar.

Havendo entusiasmo na venda e conhecimento do seu produto ou serviço, consequentemente haverá confiança, persistência e isso resultará em mais vendas, que resultam em mais motivação, dentro de um círculo virtuoso fundamental em todo esse processo. A motivação está relacionada à convicção de que todo o esforço feito valerá a pena e trará resultados.

Vender é um verbo e uma prática que exige que você esteja sempre em ação. Vender é algo que deve ser incorporado à rotina de todos os dias. É como o exercício que deve ser feito para manter a forma. Vender é praticar sua comunicação, sua simpatia, seu sorriso. É praticar ouvir mais, estar presente e se importar com o outro de verdade.

Desenvolva a empatia, acostume-se a "usar os sapatos" do seu cliente. Ouça e compreenda o que ele está falando. Conecte-se com ele para entender as suas necessidades e seja persistente e focado para fechar cada negócio. Faça com que seu cliente se sinta único. Mas tenha um leque de clientes, pois não existe bala de prata em matéria de vendas.

Tenha orgulho, pois são suas vendas que geram o faturamento que a sua empresa tanto precisa, portanto devem ser um dos focos principais de toda a sua organização, já que sem vendas o seu futuro estaria comprometido. Entenda que vender é um verbo, e que verbo é ação. Por isso, os vendedores de sucesso são pessoas extremamente ativas e estão sempre em campo em frente aos seus clientes, pois sabem que é lá que boas coisas acontecem, e não atrás de suas mesas cuidando de tarefas administrativas e burocráticas.

Seja entusiasmado, motivado e positivo, pois as pessoas compram de quem elas gostam. Saiba também que, apesar de todos sermos um pouco vendedores, a profissão de vendas não é para qualquer um, e sim para aqueles que entendem sua importância e mantém com isso uma grande resiliência e motivação em seu dia a dia. Em vendas, atitude é simplesmente fundamental.

Seja interessado em pessoas e na solução de problemas. Seja genuinamente interessado nos seus clientes e não apenas em vender para eles. O fato é que os clientes não estão tão interessados, como você pensa, nas características e detalhes dos seus produtos. Eles estão interessados, na verdade, em como o seu produto pode ajudá-los de alguma maneira. Por isso, é importante que você saiba ouvir e que coloque a importância das pessoas até mesmo à frente da importância de suas vendas. Parece contraditório, mas isso fará você vender mais e melhor.

Venda é comunicação, e comunicação é algo que acontece entre as pessoas. Falar sozinho é um monólogo e você não vai conseguir aprender nada sobre o seu cliente ou conseguir as informações que precisa sem fazer as perguntas certas. Busque entender, por exemplo, o quanto seu cliente está satisfeito com o seu produto ou serviço atual, e o que ele gostaria de encontrar em um novo produto.

Entenda a importância de dar a prioridade necessária às pessoas, pois são elas que compram os produtos e não os produtos que são vendidos a elas. Aliás, produtos esses que podem ser trocados a qualquer momento. Por isso, esteja junto das pessoas antes, durante e depois de suas vendas.

Mantenha uma atitude positiva para que outros o sigam e comprem suas ideias. Isso é vender. A habilidade de gerar o encontro perfeito entre o que você tem a oferecer e o que as pessoas precisam ou desejam. Vender é crítico em sua vida, assim como o seu desenvolvimento nesse campo, mesmo que você não tenha um crachá de vendedor profissional.

O fato é que muita gente se coloca como um não vendedor, mas na verdade isso acontece porque as pessoas não entendem bem o que é vender e a importância que isso tem para elas. Um indivíduo não nasce vendedor, mas pode se tornar o melhor vendedor pela curiosidade, credibilidade, positividade e atitude de fazer acontecer.

Vender é simplesmente a coisa mais importante que qualquer pessoa no mundo pode fazer para ter sucesso na vida.

MANTENHA UMA ATITUDE POSITIVA

Atitude é algo fundamental quando se trata de vendas. Uma atitude certa é contagiante e necessária para o seu sucesso. Nós já falamos como a função de vendas é tão fundamental na sobrevivência de uma empresa; portanto se você é um pessimista inveterado, não é a pessoa ideal para assumir esse tipo de responsabilidade, principalmente se tiver uma equipe para liderar.

Se você é o gerente de vendas, tenha consciência sobre a importância de criar uma atitude vencedora em sua equipe, pois sem uma atmosfera e uma cultura positiva, será praticamente impossível que qualquer time alcance o sucesso. Por isso, sempre compareça às reuniões de venda dentro do horário, com um sorriso no rosto e palavras de incentivo a serem compartilhadas com sua equipe.

Se você é vendedor, saiba que precisa estar rodeado de positividade para encarar o desafio da venda. Comece o dia engolindo seus maiores desafios, chegando cedo e "caindo dentro" das negociações que mais importam logo pela manhã. O início do dia vai dizer muito sobre como todo o restante dele irá se desenrolar. Logo, é importante que você comece bem e cheio de energia.

Foque nas suas prioridades reais, e não em coisas que o façam se sentir ocupado. Não comece seu dia respondendo e-mails e mensagens dos outros, e sim fazendo o que realmente importa para você. Comece o dia correndo atrás de novos negócios, gerando relacionamentos e buscando soluções para seus potenciais clientes.

A sua atitude irá definir o nível de energia e de esforço que você vai colocar no seu trabalho. É fundamental que evite qualquer tipo de negatividade, pois ela leva à falta de confiança e seus clientes não vão comprar de você se eles sentirem que você não transmite confiança no que está propondo. As pessoas ao seu redor precisam enxergar que você mantém a esperança, especialmente quando os tempos são difíceis. Por isso, deixe de lado noticiários com notícias ruins e foque em conteúdos positivos e soluções para os problemas.

Não esqueça que, para manter uma energia positiva, é necessário não apenas uma mente afiada, mas sim um corpo com saúde, uma alimentação balanceada e as horas adequadas de sono. Apesar de nós acreditarmos que essa é uma questão unicamente mental, a manutenção de uma atitude positiva depende também da qualidade física, afinal é seu corpo que, com maior ou menor energia, irá levá-lo para todos os lugares que você precisar ao longo de todos os seus dias. Portanto, cuide para que o tanque esteja cheio e seu transporte esteja em excelente estado de manutenção, pois a viagem é longa e você terá momentos para acelerar fundo, e outros em que precisará encarar terrenos bastante esburacados.

Conseguir manter uma atitude positiva é uma das maiores riquezas que você pode conquistar. E trará benefícios não apenas no momento presente, mas será de fundamental importância para a construção de um futuro mais próspero para você e todos a sua volta, sejam eles família, amigos ou colegas de trabalho. É preciso entender que uma atitude positiva ou negativa vai influenciar todas as áreas de sua vida, desde a saúde física e mental até questões financeiras, do desenvolvimento profissional até os relacionamentos.

Dinheiro e sucesso fluem com muito mais facilidade para pessoas que conseguem manter uma atitude positiva e dizer sim para a vida. Sim, eu posso; sim, eu consigo; sim, eu sou responsável por tudo que acontece em minha vida. Por outro lado, mesmo pessoas ricas, caso possuam uma atitude negativa perante a vida, no fundo só têm mesmo dinheiro no banco e nada mais, sendo de fato pobres nos principais aspectos de sua existência.

É importante que você alimente a sua atitude a cada momento, e tudo começa com pensamento positivo em relação ao seu esforço. Espere sempre conseguir alcançar os resultados desejados, pois a expectativa da vitória é importante para que você mantenha os níveis de energia necessários e um alto rendimento. Caso algo dê errado, não pegue o caminho mais fácil de apenas reclamar pelo que aconteceu e colocar o problema nos outros. Ao invés disso, entenda que essa pode ser uma oportunidade de aprendizado enriquecedora, afinal tudo acontece por uma razão.

Lembre-se de que, assim como você, cada pessoa é única e tem a sua própria personalidade. Em outras palavras, algumas coisas que funcionam para uns não funcionam para outros, por isso é através da persistência e da busca constante que você conseguirá descobrir qual o seu caminho.

Autoconsciência é importante para que você consiga manter uma boa atitude, crescendo pessoalmente e profissionalmente. Fique longe de pensamentos negativos e nunca tenha pena de si mesmo. Fique longe de pessoas com más atitudes, que não o levam a lugar algum e não lhe agregam em nada. Saiba que existem bons e maus momentos e que isso faz parte da vida. Quando um momento ruim chegar, pense "aí está você" e lembre que tudo passa.

A positividade é o oxigênio que mantém a chama acesa. Se não for por outra razão, saiba que se manter positivo é a única atitude que vai manter você de pé mesmo nos piores momentos, quando é necessária muita perseverança e trabalho duro. Nessas horas é importante que você foque no que pode fazer e no que está ao seu alcance. Cuide do seu trabalho com afinco, que ele cuidará de você. Dê aquele telefonema a mais que, ao longo do tempo, faz toda a diferença. Saiba lidar com o que acontece com você e seja sempre grato, pois a gratidão é a base da felicidade.

Entenda de uma vez por todas que cuidar de si mesmo é muito mais que uma questão de estética ou de saúde, é também a base para que você obtenha os resultados que quer alcançar pessoalmente e profissionalmente. Mantenha-se em forma e dê um boom em sua confiança, no seu entusiasmo e na sua energia. Não deixe, de maneira alguma, que seu corpo e seu cérebro fiquem preguiçosos.

- **EXERCITE-SE REGULARMENTE.**
  SEJA DISCIPLINADO E IRREDUTÍVEL A ESSE RESPEITO.
- **TENHA UMA BOA NOITE DE SONO.**
  ACORDE CEDO, MAS DURMA AO MENOS 7 HORAS POR NOITE.
- **ALIMENTE-SE DE FORMA SAUDÁVEL.**
  É O ALIMENTO DE QUALIDADE QUE VAI FORNECER A ENERGIA QUE VOCÊ PRECISA.
- ESCREVA E MANTENHA **MENSAGENS POSITIVAS** AO SEU REDOR.
- **LEIA LIVROS QUE VÃO LHE ACRESCENTAR** SAÚDE FÍSICA E MENTAL.
- **TIRE REGULARMENTE UM TEMPO PARA VOCÊ**, LEIA UM LIVRO, VÁ A UM SEMINÁRIO, WORKSHOP, ENCONTRE PESSOAS E RECARREGUE-SE. PESSOAS QUE INVESTEM EM SI MESMAS TÊM MAIOR MOTIVAÇÃO E MAIS INSIGHTS.
- E, COMO FALAMOS, **MANTENHA PENSAMENTOS POSITIVOS** E FAÇA COM QUE OS QUE ESTÃO A SUA VOLTA ENTENDAM A IMPORTÂNCIA DE SUAS ATITUDES EM SEU AMBIENTE.

Sempre haverá montanhas para subir e batalhas para vencer, mas também sempre haverá aquela tentação de ficar no sofá assistindo a uma série favorita, jogando um videogame, navegando nas redes sociais ou acompanhando as notícias e observando a vida passar passivamente.

Se pensarmos na história da humanidade, em um passado bem distante, e por muitos milhares de anos, era necessário que o homem economizasse energia para sua sobrevivência, afinal conseguir comida e fugir dos perigos não era nada fácil. Hoje em dia, existem outros tipos de perigos ao seu redor, principalmente o perigo de ficar parado e, acomodado, e deixar que a preguiça o faça postergar o que poderia ser feito hoje. Sempre haverá uma desculpa ou um porquê de algo não poder ser feito, assim como sempre haverá algo mais divertido, menos doloroso e que exija menos esforço a cada momento. Porém, é fundamental entender que a conta sempre chega e, por isso, é necessário o esforço no curto prazo para se alcançar objetivos mais adiante.

Entenda que, de uma forma ou de outra, o sacrifício acabará sendo feito, seja por um esforço no momento atual ou no futuro, quando olharmos para trás e lamentarmos tudo aquilo que não foi feito, o tempo desperdiçado e as chances perdidas. Lembre que o esforço sempre vale a pena e que ele se torna muito mais fácil quando vira um hábito, e ainda mais recompensador quando sabemos a importância do que é feito.

Saiba que a recompensa vem do esforço, da disciplina e da perseverança em direção às metas traçadas. A disciplina é uma escolha entre o que você parece querer agora e o que você mais quer de verdade. Ela exige esforço, mas na medida em que é incorporada aos seus hábitos se torna mais natural e parte de sua essência.

Não foque nas coisas que você não pode controlar. Não se deixe abater pela sua situação atual, pois não existe jornada sem dor. Onde quer que você esteja, pense "lá vou eu!" Você só tem a ganhar com essa atitude a cada manhã. Tenha consciência e assuma o controle de suas ações, suas reações, da sua mente e da forma como você encara o que acontece ao seu redor.

Não abrace o insucesso. Aprenda a ser forte. Crie hábitos saudáveis. Desenvolva a autoconfiança, o pensamento positivo, a automotivação e a atitude de fazer acontecer.

Reflita sobre quais são os medos e as situações das quais você quer se afastar e, por isso, trabalhe arduamente a cada dia. Você teve alguma experiência anterior que não pretende que seja repetida? Como se sentiria enfrentando esse problema novamente e sabendo que não deu o melhor de si para evitá-lo?

Às vezes é necessário nadar contra a corrente, mas com o tempo você irá ganhar músculos, aprimorar sua performance e chegar ao seu destino. Porém, saiba que isso não acontece da noite para o dia. Não desista. É preciso ter fé e trabalhar duro para se tornar um campeão.

Dinheiro e sucesso fluem com muito mais facilidade para pessoas que conseguem manter uma atitude positiva.

PRINCÍPIOS PARA O SUCESSO EM VENDAS

Todos temos nossos princípios, e isso é algo muito pessoal. De qualquer maneira, alguns deles parecem ainda mais importantes quando se trata do sucesso em vendas e parecem ser princípios quase universais quando se trata de campeões em vendas.

Baseie seus esforços de venda em princípios sólidos que lhe darão a estrutura necessária para sua atuação e serão importantes para que você tenha um norte, mantendo com mais facilidade a motivação indispensável, não apenas no curto prazo mas ao longo do tempo. Algo que lhe dará a energia suficiente para se levantar sempre que cair.

1. Conheça o seu porquê. É ele que vai deixar a sua motivação em alta a cada dia, e é também a ele que você vai recorrer em momentos de dificuldade. Tire alguns minutos para pensar por que você atua com vendas. Afinal, existem centenas de outras possibilidades no mercado. Seria a maior liberdade de tempo? Seria ter a possibilidade de gerar você mesmo os seus resultados? Seria o desafio de se relacionar com novas pessoas? Seria a satisfação de resolver problemas e entregar resultados?

2. Pense sobre a marca que você quer deixar no mundo. Que legado quer construir? Quais mensagens quer passar através de suas atitudes? Quais comentários você gostaria que as pessoas fizessem sobre você quando não estiver por perto?

3. Seja diferenciado. Faça mais do que se espera, mesmo que sejam pequenos detalhes. Pense em ações que o tirem do lugar-comum e façam com que você seja lembrado. Seja único. Por exemplo, seja sempre tão rápido nas respostas que faça seu cliente pensar: "Esse cara é diferente". Mesmo quando já tiver satisfeito a necessidade do seu cliente, surpreenda e faça um pouco mais.

4. Seja corajoso. Desafie-se e exercite sua coragem. Faça aquele contato mais importante e difícil sem esperar. Você poderá ganhar o dia se tudo der certo e, se não der, ao menos vai tirá-lo de sua cabeça e poderá partir para o seguinte com a sensação de dever cumprido. Liste as coisas importantes que você tem deixado para depois e faça agora! Telefonemas, visitas, reuniões... Coragem é um exercício diário e você vai sair fortalecido a cada dia se colocá-la em ação.

5. Seja socialmente conectado. Saia da zona de conforto e conheça novas pessoas. Como um exercício, pratique ser extrovertido, mesmo que exija esforço no começo. Conheça novas pessoas que fazem acontecer. Mantenha seus amigos, mas faça novas amizades que agreguem positivamente à sua vida.

6. Seja dono do seu tempo. Administre-o da melhor forma possível e mantenha claras suas prioridades. Não seja refém de outras pessoas e perceba a diferença entre estar ocupado e ser efetivamente produtivo. Não seja refém de seus e-mails e das mensagens que interrompem o que realmente importa a cada instante. Tire um tempo adequado para eles e coloque-os em seu devido lugar.

7. Não seja cego. Mensure tudo que for importante e acompanhe os resultados de tudo o que importa, seja pessoal ou profissional. Tenha grandes objetivos e vá atrás deles. Nunca reduza seus sonhos e suas metas. Use a criatividade e persista para alcançá-los.

8 Não tema a concorrência e muito menos o grande concorrente do seu setor, pois ser um gigante pode significar ser mais lento, ser menos criativo, menos flexível e até um pouco arrogante. Ou seja, de alguma forma você pode usar a agilidade para contornar as dificuldades e sair vencedor dessa concorrência.

9 Viva sua vida com comprometimento, começando cedo o trabalho e dando sempre o melhor, de forma que você esteja cada dia mais perto dos seus sonhos. Acelere em busca dos seus objetivos.

10 Faça um pacto com você mesmo para se desenvolver continuamente através de leituras, experiências, troca de ideias e trabalho em equipe. Faça mudanças sempre que necessário, buscando aprimorar o que for possível, e nunca se canse de aprender.

11 Recarregue suas energias sempre que for preciso e tire um tempo para você. Amplie seu conhecimento, sua criatividade e sua energia. Não ceda à tentação de trabalhar nas férias e nos momentos de lazer. Tenha um tempo de qualidade e valorize os momentos junto à família e aos amigos. Para que você consiga ter espaço para novas ideias é preciso deixar de lado os problemas rotineiros.

12 Não tire seu pé do acelerador de vendas, nem mesmo quando já estiver voando alto, pois só você sabe o quanto de energia foi gasta para chegar até ali. Não desperdice sua velocidade de cruzeiro e não confunda vendas com trabalho administrativo.

13 Saiba exatamente o que você está oferecendo. Não é uma churrasqueira, é um momento de prazer. Não é um pacote de viagens, é a realização de um sonho. Não é um novo software, é maior controle e menos estresse. Pense no que está por trás do que você oferece e como você melhora a vida das pessoas.

14 Não economize sonhos. Seja generoso consigo mesmo e acredite que você vai alcançá-los.

**Não reduza seus sonhos e suas metas.
Use a criatividade
e persista para alcançá-los.**

HÁBITOS FAZEM PESSOAS DE SUCESSO

Vender é um verbo e são necessárias altas doses de ação e energia para se alcançar os resultados esperados. É fundamental colocar o time em campo para fazer acontecer. Por isso, no final das contas, são os hábitos do dia a dia que irão fazer a diferença entre um vencedor e um perdedor na área de vendas, assim como em muitas outras áreas da vida.

Em resumo: hábitos fazem pessoas de sucesso.

Sendo assim, é possível aprender com pessoas que tiveram sucesso, replicar seus hábitos e formas de atuação perante os desafios da vida, e assim aumentar as chances de ser um vencedor. Alguns desses hábitos são elencados abaixo em uma lista não exaustiva, sendo sempre importante que você busque o que mais se adapta à sua personalidade e ao contexto em que você estiver inserido.

1. Sempre haverá um punhado de coisas que precisarão ser feitas a cada dia. Tenha essa lista em mente e assuma o controle do seu dia. Tenha o seu plano de batalha diário e execute-o.

2. Se cair, levante-se e comece novamente. Digamos que você perdeu o seu trabalho. Imediatamente você já tem o que fazer, que é encontrar um novo.

3. Saiba quais são as reclamações e seja o cara que soluciona problemas. Você será recompensado por isso.

4. Vencedores adoram desafios, não ficam reclamando e não se intimidam com eles. Abrace seus desafios e "parta pra cima", sabendo que você irá encontrar uma solução.

5. Não diga ao seu cliente, "eu não sei" ou "isso não é comigo". Busque sempre agregar, seja qual for a situação. Seus clientes querem alguém que se importe e que vá ajudá-los a conseguir o que querem.

6. Persista e mantenha a guarda alta mesmo em momentos de sucesso, pois certamente o mundo lhe trará desafios inesperados, e você precisa ser implacável para se manter no topo.

7. Não seja econômico com seus esforços de venda. Busque ultrapassar os limites e fazer sempre mais do que o apenas razoável.

8. Seja proativo. Vá lá e faça acontecer. Diariamente você precisa de altas doses de ação, que ao longo do tempo irão levá-lo às suas conquistas.

9 Circule pelos lugares, encontre pessoas, aumente seu network e realize suas vendas.

10 Comprometa-se plenamente com suas obrigações e atividades. Assuma riscos e responsabilidades. Não dê desculpas. Vá até o final de sua missão e faça o que for necessário para alcançar seus resultados.

11 Exercite a coragem e não fuja do que você tem medo, pois provavelmente é o que você precisa fazer agora. Não busque o conforto e a segurança. Saiba que o desconforto é necessário para que você consiga dar passos adiante e ir além do *status quo*. Repita a ação até não sentir mais o desconforto.

12 Nunca procrastine. Foque no agora. Entenda a importância de ser ágil e fazer acontecer, e não de ser perfeito e deixar passar. Desenvolva a disciplina necessária e faça da sua ação um hábito. A procrastinação pode parecer boa e inofensiva agora, mas ela cobra preços altíssimos no futuro.

13 O sucesso no passado não garante o sucesso no futuro. Você precisa manter o olho no que vem adiante e não se acomodar com o que aconteceu no passado. Você precisa abraçar, se adaptar e tirar proveito das mudanças. Tenha interesse em aprimorar as coisas que já faz. Mantenha o que é bom, mas procure melhorar sempre.

14 Tenha sonhos grandes, pois a chama da motivação precisa vir de dentro de você. Escreva-os para que possa vê-los a cada dia. Trabalhe por eles e você verá que todo tempo trabalhado vale muito a pena. Comece e termine seu dia com foco nos objetivos a serem alcançados.

15 Faça sua lista de tarefas sem perda de tempo. Pense grande e haja com senso de urgência e foco total em cada momento. Mantenha a checklist atualizada e ao seu alcance. Celebre cada tarefa concluída, cada conquista e vá em frente.

16 Mantenha o foco e o interesse nos resultados e não no trabalho que você vai ter para alcançá-los.

17 Use o seu potencial e talento em toda a sua plenitude. Isso é ser honesto e ético com você mesmo e com todos os que estão à sua volta.

18 Cerque-se de pessoas que também tenham sonhos, que sejam motivadas a alcançá-los e que pensem positivamente. Aprimore a sua forma de trabalhar em equipe, conectando-se com pessoas agregadoras e vencedoras.

19 É preciso se esforçar para que hábitos positivos façam parte de você e sejam feitos com mais naturalidade e prazer. Seja disciplinado em todas as áreas da sua vida e construa os hábitos necessários para alcançar o que você quer.

20 O seu trabalho diário é entregar soluções que vão ao encontro dos problemas que seus clientes e prospects precisam resolver. É simples assim. Você apenas precisa se conectar com as pessoas e determinar se o que você oferece vai ao encontro do que elas necessitam. Não existe uma bala de prata, existe trabalho, dedicação e persistência.

**Nunca procrastine. Foque no agora.
Entenda a importância
de ser ágil e fazer acontecer,
e não de ser perfeito e deixar passar.**

PERMANEÇA MOTIVADO

A motivação é uma característica fundamental para quase todas as atividades humanas, e todos os trabalhos precisam de certa dose de motivação. Quando se trata de vendas, a motivação não é apenas algo desejável, e sim algo essencial para o seu sucesso. Mais do que isso, a motivação em vendas é algo que precisa estar ao seu lado no dia a dia, não apenas para que você tenha a energia necessária que precisa, mas também porque a motivação é contagiante, e ela acabará sendo transmitida ao seu cliente e se transformando em maior credibilidade para o fechamento de novos negócios.

Desta forma, a pergunta que realmente importa é: o quanto você realmente quer chegar lá?

Essa é uma pergunta importante pois você precisará se manter motivado mesmo quando não estiver muito afim, e mesmo que em determinado momento, as coisas não estejam indo exatamente na direção que você quer. Por isso, você precisa ter uma visão mais ampla da situação, uma visão de onde você quer chegar no longo prazo.

Seja entusiasmado em relação ao que você quer alcançar e mantenha-se ocupado. Mesmo que no dia de hoje você dê um passo menor do que o usual, é importante estar sempre caminhando na direção desejada.

Não caia na tentação de ficar remoendo erros passados, foque no que vem a seguir e no que você precisa fazer no presente. Cerque-se de uma atmosfera contagiante e positiva como antídoto para a negatividade. E seja literalmente surdo quando alguém disser que não é possível alcançar os seus objetivos. O fato é que você precisa entrar e permanecer em um ciclo motivacional virtuoso, e isso só é possível com doses regulares de esforço, energia e dedicação.

Não se esqueça que você precisa estar e se sentir preparado em relação aos conhecimentos necessários para exercer a sua função, pois só assim você vai ter a confiança necessária para superar os desafios que vai encontrar pela frente.

Fique atento aos primeiros sinais de preguiça e procrastinação, que geralmente acontecem quando os resultados esperados não são alcançados mais de uma vez. De fato, se você não estiver conseguindo resultados, não vai gostar do seu trabalho, e por isso é necessário um esforço redobrado e muita disciplina a fim de dar a volta por cima. Para sair de um círculo vicioso como esse, é preciso ter fé e trabalhar arduamente sem olhar para trás, tendo a coragem necessária para levantar novamente.

Quando você se dedica e os resultados aparecem, vai começar a perceber padrões e ciclos existentes, e entender o quanto o seu esforço a mais tem o potencial de gerar resultados adicionais. Em outras palavras, você vai começar a ver o seu esforço recompensado, seja nos resultados de vendas presentes ou nas projeções de vendas futuras.

Em poucas palavras, a motivação é fundamental em sua área, pois ela vai garantir a proatividade necessária para o que precisa ser feito. Por exemplo, uma característica da área de vendas é a necessidade de estar frente a frente de novas pessoas, com quem você não sabe se existe alguma afinidade e muito menos se têm interesse no que você tem a oferecer. Para que faça isso com maestria, é preciso exercitar seu networking. Quanto mais confiante você estiver, melhor e mais divertida essa tarefa será. Quanto melhor for a sua apresentação e a sua interação social, mais você será lembrado quando a hora e a necessidade chegarem.

**A pergunta que realmente importa é:
o quanto você realmente quer chegar lá?**

PERSISTÊNCIA E COMPROMETIMENTO

Esteja plenamente ciente de que a persistência é uma disciplina que deve fazer parte de seus valores fundamentais.

Isso quer dizer que você não deve, de maneira nenhuma, desistir dos seus objetivos, pois poderá sempre tentar outra vez. Além do mais, não existe limite para uma nova tentativa, portanto a única forma de você perder é desistindo e jogando a toalha dos seus sonhos.

Você sempre poderá usar a criatividade, buscando novas maneiras e novas ideias para alcançar o que quer. Você sempre poderá aprender com os erros e olhar a situação de uma perspectiva diferente. Você sempre poderá aumentar ainda mais o nível de energia dedicado e o seu comprometimento para alcançar a sua meta. Você não tem nada a perder, e tenha certeza de que, se você persistir, mais cedo ou mais tarde os resultados irão aparecer.

Vá adiante e encare novos problemas e novos desafios, pois são eles que farão você dar o passo que necessita. Comprometa-se a entregar ainda mais do que seus clientes e prospects esperam de você e assim você ganhará sua atenção e o precioso tempo deles.

Para atuar em vendas, é fundamental persistir. Pratique, treine, assista, escute novamente e novamente até que a confiança chegue. Invista na sua carreira e seja implacável em relação a tudo o que precisa ser feito, pois o seu futuro depende das ações que você toma a cada manhã. Garanta que seu "futuro eu" tenha orgulho de você, pois tudo que era possível foi feito.

Saia da sua zona de conforto, pois é fora dela que estão as maiores recompensas. Seja correto consigo mesmo, sabendo que você está dando tudo que pode. A procrastinação pune não somente você, mas sua família, suas finanças, seus negócios, seus relacionamentos e sua saúde. Lembre-se que não existe montanha alta o bastante que, com o preparo, entusiasmo e dedicação adequados, você não possa escalar.

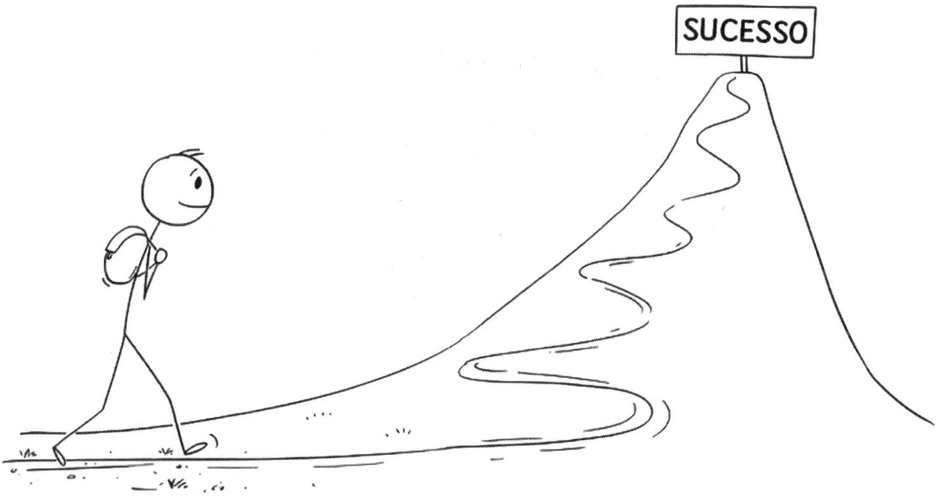
SUCESSO

**Garanta que seu “futuro eu”
tenha orgulho de você,
pois tudo que era possível
foi feito.**

AÇÃO, MUITA AÇÃO

Não espere o mundo perfeito para fazer o que precisa ser feito. O seu sucesso depende da sua ação agora, e quanto maior o nível de ação, maior a probabilidade de sucesso, ainda mais quando tratamos de vendas. Faça o trabalho que precisa ser feito já. Faça aquela ligação, envie aquele e-mail, trabalhe suas redes sociais, marque aquele almoço ou encontro, retome aquele contato importante, conheça novas pessoas, arranje problemas para resolver e faça o follow-up de cada oportunidade. Faça ainda mais do que você acredita ser necessário.

Saia de trás de sua mesa e não fique atolado com trabalhos administrativos do seu escritório. Você precisa ir a campo e trabalhar seu network. As pessoas só se lembram de quem elas veem, por isso é importante estar sempre em contato.

Alcançar o sucesso exige grandes doses de ação, e manter o ciclo positivo exige que você mantenha grandes níveis de energia. Fique de olho no que você ainda pode alcançar, tenha a postura correta e não baixe a guarda, pois os problemas crescem e aparecem quando você age menos do que o necessário.

Não reduza as suas metas e os objetivos do seu time, pois toda meta pode ser alcançada se você tiver o preparo, o tempo e a persistência necessários. Não gaste sua energia com coisas inúteis ou com lamentações, que são as piores formas de você esgotá-la, pois, além de infrutíferas, acabam afastando as pessoas de você. Não use seu tempo e sua energia criando desculpas se alguma coisa não aconteceu da maneira que você esperava ou porque você não pulou da cama quando o alarme tocou pela manhã.

Produtos razoáveis, serviços razoáveis, entregas razoáveis, preços razoáveis, relacionamentos razoáveis, experiências razoáveis, ideias razoáveis... Será que é isso que leva ao sucesso na vida? Quem deseja apenas o razoável? Saia da média e busque o topo em termos de comprometimento, energia, persistência e tomada de atitude. Razoável é a fórmula do fracasso.

Tome a atitude de assumir o controle por tudo o que acontece na sua vida. Assuma grandes responsabilidades e vá atrás das soluções. Se você abraçar a posição de vítima, acabará se tornando uma vítima da vida. Toda vez que você se acha vítima de alguma coisa apenas para estar certo, está incorporando esse traço em sua personalidade, e isso com certeza não é uma coisa boa. Se fosse, você ensinaria aos seus filhos.

É claro que sempre haverá alguém ou alguma coisa para você culpar, mas isso não vai tirá-lo da posição em que se encontra. Uma pessoa de sucesso é capaz de aprender com a situação e superar o que quer que seja, tomando atitudes para que o que foi ruim não se repita mais adiante. O sucesso não cai do céu, é preciso esforço, energia e superação.

Não se acomode com os bons resultados alcançados e o aparente sucesso em determinado momento. Mantenha a pegada, pois o sucesso em vendas é como uma fogueira que precisa ser continuamente alimentada para brilhar e mantê-lo aquecido. Deixe de alimentá-la por algum tempo e a madeira será consumida pelo fogo, sobrando apenas cinzas. Não se descuide da tarefa de continuar alimentando a chama para que ela permaneça brilhando e sendo admirada por todos.

Esse é um trabalho que precisa ser feito a cada dia, pois em vendas há uma coisa que é certa: seu resultado no dia de hoje depende do que você fez algum tempo atrás. Isso é algo importante e de certa forma traiçoeiro, pois você aparentemente pode reduzir os esforços, e seus resultados não se reduzirem imediatamente. Só depois de 30, 60 ou 90 dias você perceberá que sua fogueira já não tem o mesmo brilho e, olhando para trás, perceberá que não a alimentou da maneira que devia. A solução é acelerar novamente e ser quase obsessivo em relação aos seus esforços de vendas, sabendo que os resultados não vem imediatamente, mas que certamente em um futuro não muito distante o brilho das chamas voltará com a mesma intensidade de antes.

Por isso, mesmo que você não tenha um resultado imediato — e isso muitas vezes é desanimador — é importante que você persista. O seu esforço, sua energia, suas novas ideias e sua criatividade para a solução dos problemas são suas principais ferramentas. Não existe limite para o que você pode fazer com elas.

Encare de frente e assuma o controle sobre os seus medos. Não os alimente dando tempo para que eles cresçam e se tornem ainda piores do que já são. A única coisa que fará com que eles desapareçam é a tomada de atitude e a ação que está em suas mãos. Aliás, se você tem medo de alguma coisa em vendas, muito provavelmente esse é um sinalizador do que precisa ser feito.

Os medos do desconhecido, do insucesso e da rejeição cresceram ao longo do tempo dentro de cada um de nós, mas é fundamental que eles sejam encarados de frente e não sejam alimentados através da procrastinação, da desculpa de que você não está 100% pronto para enfrentá-los — pois você nunca estará — e da falta dos níveis adequados de ação.

Provavelmente você já teve a experiência de falhar em alguma coisa que deveria ter sido feita por causa dos seus medos, ou então assistiu outra pessoa encarando de frente o problema que você mesmo vislumbrou, e agora não há mais nada o que fazer. Outra pessoa fez aquela ligação para um importante cliente, e agora você chegou tarde. Você talvez tenha gasto tempo demais se preparando e encontrando aquele momento ideal, e enquanto isso, alguém foi lá e fez. Saiba que o insucesso, na verdade, pode ocorrer quando você age ou quando você não age, mas independente dos resultados é sempre preferível falhar tentando. Por isso não dê mais desculpas e faça o que precisa ser feito.

O sucesso em vendas é como uma fogueira que precisa ser continuamente alimentada para brilhar e mantê-lo aquecido.

FOCO NO SUCESSO

Olhe ao seu redor e veja que não existe escassez de sucesso. Se outros podem, você também pode. E ele é importante, pois o sucesso traz confiança, segurança e esperança de dias melhores para você e para os que estão ao seu redor. A busca pelo sucesso move o mundo adiante e é responsável pela evolução da nossa sociedade. O sucesso não é uma certeza, mas a sua busca é um dever de cada um de nós, afinal ele nada mais é do que o resultado dos nossos esforços nas mais diversas áreas, não apenas no âmbito profissional e econômico, mas também no âmbito pessoal, espiritual e familiar.

Priorize o que é mais importante a cada dia e saiba que, em vendas, sucesso atrai sucesso. Abrace o seu crescimento pessoal e profissional, seja proativo e não espere o momento perfeito. Há sempre uma ação a ser feita ou uma atitude que pode começar a mudar o destino de sua vida. Portanto, tome uma atitude agora mesmo e não desperdice o seu tempo e a sua energia lamentando e buscando justificativas e culpados para a sua falta de sucesso.

Não espere que o sucesso caia do céu. Você precisa estar preparado para ele. Tome uma das mais importantes decisões da sua vida, que é investir em si mesmo e aprimorar continuamente as suas habilidades em comunicação, negociação e vendas. É preciso estar em boa forma para conseguir os melhores resultados frente às oportunidades que chegam a você. Pense bem e veja o quanto já perdeu e deixou para trás por não estar tão preparado quanto deveria.

Treine diariamente para aprimorar as suas habilidades, seja através da leitura de livros, de vídeos, audiobooks ou conversas com outras pessoas com conhecimento e experiências que têm muito a lhe agregar. Controle o conteúdo a que você assiste, foque naquele que lhe faz uma pessoa melhor e ponha de lado todo aquele lixo que a televisão e a internet fazem questão de deixar a um clique da mão.

A maioria dos vendedores simplesmente não consomem conteúdos sobre vendas. Fique na dianteira, pois tem muita coisa boa para você ler, aprender e se desenvolver. Além dos livros, busque podcasts, blogs, vídeos no YouTube, entrevistas, congressos, cursos e biografias de pessoas que tiveram sucesso em vendas. Invista algumas horas toda semana para aprimorar as suas habilidades e manter-se atualizado. Não pare nunca de aprender.

O relógio está correndo. Não espere pelo melhor material, pelo momento ideal, pelo prospect ideal ou pelo lançamento que ainda irá acontecer. Seja proativo, não enrole, não invente desculpas para você mesmo e principalmente, não chegue tarde demais ao encontro com suas oportunidades de venda e com seu sucesso.

O sucesso não é uma certeza, mas a sua busca é um dever de cada um de nós.

GERENCIE SEU TEMPO

As pessoas de sucesso têm as mesmas 24 horas que você, e isso quer dizer que o tempo disponível é mais do que suficiente para o que você busca. De fato, a questão não é quanto tempo você gasta, mas como você gasta e o quanto você é produtivo e dedica a sua energia conscientemente na direção dos seus objetivos.

Esteja a par de quanto tempo você desperdiça com questões desimportantes ao longo do dia. E se você maximizar esse seu tempo de maneira focada, sabendo exatamente o que deve fazer? Na verdade, temos bastante tempo no dia, mas a sensação de falta de tempo está mais relacionada a não estarmos utilizando-o da maneira que deveríamos, talvez por falta de um planejamento diário ou por não mantermos o foco no que é efetivamente mais importante.

Você não consegue criar mais horas no seu dia, mas você consegue criar maior valor às horas que você tem, dedicando-as ao que mais importa, fazendo o melhor uso delas e sendo mais produtivo a cada momento. Não adianta ficar pulando de galho em galho, pois a nossa mente só consegue se manter concentrada em uma coisa de cada vez. E isso é ainda mais importante quando estamos falando de prospecção em vendas. Você precisa separar algumas horas e se dedicar plenamente a essa tarefa, não deixando que nada mais o perturbe e desconcentre.

Obviamente, manter-se produtivo ao longo das horas é algo cansativo e você vai chegar exausto ao final do dia. Parabéns! Isso é um bom sinal, e agora você merece uma boa noite de descanso para recarregar suas energias. Chegar ao final do dia com o dever cumprido, mesmo que cansado, é muito melhor do que chegar com a sensação de que o seu dia foi desperdiçado e que não o viveu em sua plenitude.

Para conseguir gerenciar o seu tempo a cada dia, você deve iniciá-lo sabendo exatamente o que precisa ser feito. Comece tendo consciência de quais conquistas você deve correr atrás e do que é mais importante

nesse momento para que caminhe em busca dos seus objetivos. Começar o dia sem um planejamento e sem uma lista de tarefas a serem feitas é começar no escuro, sem saber qual caminho tomar. Um dia após o outro, essa falta de foco e planejamento vai custar caro mais à frente, pois se você navega sem direção e sem saber em que porto quer chegar, nenhum vento é favorável. Mas, como já falamos, se você sabe o que quer e direciona sua vela de maneira adequada, mesmo naqueles dias em que o vento está muito fraco você terá chegado mais perto do seu destino.

O tempo é o seu bem mais precioso. Não deixe que ele escorra pelas suas mãos.

A verdade é que, na teoria, você tem o tempo que precisa para tudo que é importante em sua vida: sua saúde, sua família, seus amigos, seu trabalho, seus hobbies e tudo mais que valha a pena. Quanto mais disposição e energia você tiver ao longo do dia, mais ele será produtivo e mais você terá vivido. Por isso, não perca noites de sono com bobagens. Se você tem algum evento ou ocasião especial, curta o momento, pois vale muito a pena mas, se não tem nada mais importante para fazer, não enrole para ir dormir. Dormir cedo é o único segredo necessário para quem quer acordar cedo e começar o dia com toda a energia que ele merece. Afinal você não quer só tempo, quer tempo real e de qualidade para você, e para isso precisa estar em boa forma e com a disposição em dia.

Crie bons hábitos. Durma cedo, tenha boas horas de sono e acorde cedo e bem disposto. Não enrole para sair da cama, pois você sabe que já dormiu as horas necessárias para seu corpo se recuperar e que aquela preguiça inicial irá logo embora. Anime-se, pois você tem toda uma programação pela frente. Faça mais pelo seu dia do que você imaginaria ser possível, não apenas no âmbito profissional mas também no âmbito pessoal.

Não esqueça que o seu dia deve começar sempre na noite anterior, quando você deverá "amarrar" tudo o que pretende fazer no dia seguinte. Tenha seus sonhos e objetivos sempre em mente, e saiba que tudo que planejou para o seu dia faz parte de um plano para que possa alcançá-los. Ter um propósito certamente fará com que você acorde com uma disposição inigualável.

Lembre-se da sua obrigação com o seu "futuro eu" e tenha a disciplina necessária para fazer o que precisa ser feito. Não seja econômico no planejamento do seu dia. Seja ambicioso, pense grande e chegue na hora de dormir com a sensação de que usou plenamente o seu tempo nas coisas que mais importam para você.

A única mágica, a única maneira de "aumentar" o tempo que você tem é fazendo mais a cada momento e utilizando o tempo em sua plenitude.

Para que consiga isso, é preciso que você tenha consciência de que seu esforço vai ao encontro dos seus objetivos. Se você gosta do que faz e se tem a consciência da importância do que faz, conseguirá ser mais produtivo e tirar mais do seu tempo. Pessoas de sucesso não chamam o trabalho de trabalho. Aquele momento do dia que parece para algumas pessoas não existir, pois estão sempre contando os minutos terminar, para as pessoas de sucesso é algo gratificante, pois existe o prazer nas conquistas e em fazer o melhor dedicando-se aos negócios e à vida profissional. Pessoas de sucesso têm prazer e até mesmo paixão pelo que fazem porque sabem que estão alcançando seus objetivos e indo atrás de seus sonhos.

Não permita que o dia roube o tempo que você tem para si. O tempo passa depressa demais, principalmente quando você se mantém distraído ou não sabe o que fazer. Concentre-se. Mantenha a rédea do tempo em suas mãos, fazendo mais ao longo do dia. Nós temos a tendência de gastar nosso tempo com coisas pouco importantes e triviais, que não nos exigem muito esforço. Não caia nessa armadilha de se manter na zona de conforto, realizando apenas tarefas rotineiras e sem maior importância.

Aproveite as horas iniciais da manhã para o que mais importa a você. Esse é um momento seu, pois aqueles pequenos problemas do dia a dia ainda não o cercaram e não o colocaram na defensiva. Não abra seu e-mail ou mensagens para ver o que os outros querem de você logo pela manhã. Foque no que é mais importante do seu ponto de vista e evite entrar em uma espiral onde toda sua energia acaba indo para demandas urgentes de outras pessoas.

Hidrate-se bastante ao acordar. Coma alimentos saudáveis e energizantes no seu café da manhã. Exercite-se de preferência diariamente para que vire uma rotina saudável em sua vida. Comece controlando o horário em que vai dormir, assim ao acordar você se sentirá bem consigo mesmo e cheio de disposição para mais um dia de conquistas.

Comprometa-se fortemente com o seu plano para cada dia. Garanta que em boa parte dele você estará diante de clientes e novas oportunidades. Aperte ao máximo o seu dia, mantendo-se ocupado e até mesmo desconfortável com tantos compromissos. Encontre o momento adequado para relaxar e se divertir, pois eles também são importantes, mas não se acomode em relação ao que precisa ser feito e não deixe que sua agenda se esvazie.

22h00 DO DIA ANTERIOR	AGRADECER, PENSAR NAS CONQUISTAS DO DIA. IR DORMIR
5h00	ACORDAR DISPOSTO (AFINAL, VOCÊ DORMIU 7 HORAS). SE REIDRATAR. SE ALONGAR.
5h10	ALIMENTAÇÃO SAUDÁVEL. PÃO, SÓ SE FOR INTEGRAL.
5h30	AGRADECER. MEDITAR. AFIRMAÇÕES. ALGO QUE TE FAÇA BEM E TE DÊ FOCO.
6h00	EXERCÍCIO. SE DER, OUVIR AUDIOBOOKS OU PODCASTS.
7h00	BANHO. SE ARRUMAR. TEMPO PRA FAMÍLIA.
7h30-8h00	AUDIOBOOK. PODCAST. CONTEÚDO NO CAMINHO DO TRABALHO.
8h00	COMEÇAR O TRABALHO, JÁ TENDO CONQUISTADO MUITO PRA VOCÊ.
8h00-18h00	EXECUTAR O PLANO DO DIA.
18h00	O QUE FEZ SEU DIA VALER A PENA? RELEIA SEUS GRANDES OBJETIVOS. REVEJA O PLANO PARA O DIA SEGUINTE.
18h30-21h30	TEMPO PRA VOCÊ E SUA FAMÍLIA. QUE TAL LER UM LIVRO?

**A única mágica,
a única maneira de "aumentar"
o tempo que você tem é fazendo mais
a cada momento e utilizando
o tempo em sua plenitude.**

COLOQUE SEUS OBJETIVOS NO PAPEL

Os objetivos que você quer alcançar devem ser, em última instância, as razões que o fazem acordar a cada dia e querer dar o seu melhor. Por isso, eles devem estar alinhados ao seu propósito de vida e aos seus valores, e devem ser desejados o suficiente para manter você sempre motivado.

Objetivos pequenos e sem importância não fornecerão a energia necessária que você precisa para dar o seu melhor. Portanto, defina grandes objetivos e não subestime as suas possibilidades e o seu potencial. Seus objetivos irão mantê-lo atento quanto ao que precisa ser feito e irão ajudá-lo a executar as suas tarefas a cada dia.

Não pense apenas no trabalho, mas trace objetivos para outras áreas de sua vida, envolvendo a sua saúde, sua família, seu desenvolvimento pessoal e tudo mais que for importante e relevante para você.

Feito isso, seja implacável e persistente na busca pelos objetivos traçados e compreenda que a batalha se dá a cada dia. Siga sempre em frente, pois essa é a única garantia de que, em algum momento, você alcançará o sucesso almejado. Alguém poderá até dizer que foi sorte, mas você saberá que sua sorte foi proporcional às suas ações e ao seu esforço ao longo do tempo.

Comece fazendo um planejamento anual e o utilize como um guia para que você permaneça no caminho traçado. No início de cada mês, desdobre o seu plano para cada semana, e no início de cada semana desdobre-o para cada dia e se possível para cada hora.

- QUAIS SÃO OS MEUS OBJETIVOS NO ANO? O QUE PRETENDO ALCANÇAR?
- QUAIS AS MINHAS ESTRATÉGIAS PARA ALCANÇÁ-LOS? COMO ISSO SERÁ FEITO? (EX.: BUSCAR CLIENTES MAIORES, INCORPORAR NOVOS DIFERENCIAIS, TRABALHAR O CROSS-SELLING, ETC.)
- QUAIS ATIVIDADES DEVERÃO SER FEITAS E QUAL A MATEMÁTICA POR TRÁS DELAS? QUAL O TAMANHO MENSURÁVEL DO ESFORÇO A SER FEITO? COMO ISSO SE REFLETE NA MINHA AGENDA? (EX.: SEPARAR 2 HORAS DIÁRIAS PARA PROSPECÇÃO, REALIZAR 20 LIGAÇÕES POR DIA, IR A 10 FEIRAS DE NEGÓCIOS ETC.)
- QUAIS OS MAIORES OBSTÁCULOS E COMO POSSO SUPERÁ-LOS? QUEM PRECISO ENVOLVER?
- ESTOU PREPARADO? PRECISO ME PREPARAR MELHOR? DE QUE MANEIRA?

Entenda que o mais importante não é ter um plano perfeito, imutável e infalível, até mesmo porque o ideal é revisá-lo de tempos em tempos. O mais importante é superar a inércia e entrar em ação já, dando o seu melhor e fazendo o que está ao seu alcance.

Similarmente, cada membro da equipe de vendas deve ter objetivos claros e bem definidos — faturamento, rentabilidade, novos negócios, novos clientes, contatos realizados etc. — e os gestores devem monitorar e dar as armas e o apoio necessário para que eles possam ser alcançados.

Mensure os resultados continuamente, mantenha estatísticas e gráficos de tudo que for importante e garanta que você tenha em mãos toda a informação que precisa, organizada da forma necessária para que você e o seu time possam acompanhar a performance e fazer os ajustes necessários.

Defina grandes objetivos e não subestime as suas possibilidades e o seu potencial.

DEDIQUE-SE E CONHEÇA SEU PRODUTO

Você precisa se tornar um estudioso em relação ao seu produto, saber como ele é usado e de que maneira ele pode ajudar a solucionar os problemas dos seus prospects. Pense bem: todos os mestres que tiveram sucesso estudaram para isso, e você também precisa de dedicação e treinamento em vendas para alcançar o seu melhor potencial.

Tenha convicção em relação ao que o seu produto ou serviço pode fazer de bom. Você precisa comprar essa ideia para poder vendê-la com toda segurança e entusiasmo necessários.

Prepare-se para responder de maneira segura a qualquer pergunta que seja feita pelo seu prospect. Anote as principais características, informações e soluções que você oferece. Anote as objeções que surgem, as respostas que você dá a cada uma delas e faça uma análise contínua para ver como pode melhorá-las da próxima vez. Faça esse exercício inúmeras vezes e encontre padrões que farão com que você tenha o controle e esteja cada vez mais atento em relação ao que deve ser dito, aos argumentos a serem utilizados e ao que virá em seguida.

Se possível, grave o que você está falando, estude suas atitudes e gestos e perceba como lida com cada situação.

Não desperdice os seus contatos e ligações por não saber o que falar. Pratique a sua venda, o seu "pitch" e também as respostas às objeções que você deverá encontrar pela frente. Gaste algum tempo preparando-se para ser mais eficiente e produtivo quando estiver diante de seu cliente potencial. Seja como o lenhador, que afia a lâmina do machado para fazer o trabalho. Saiba que esse não é um tempo perdido, e sim um tempo investido que lhe trará muitos benefícios logo adiante. Mas não exagere, pois é impossível que você conheça todas as perguntas ou tenha todas as respostas. Você precisa ir a campo e se colocar em frente aos seus potenciais clientes para aprender e evoluir ainda mais.

Quanto mais você passar segurança em relação ao conhecimento sobre o seu produto e as soluções que entrega, mais credibilidade você terá. Quanto mais credibilidade, mais vendas você fará. Ou seja, a sua credibilidade é um dos seus principais ativos ao longo de sua jornada de vendas. Ela é ainda mais essencial no início de cada relacionamento, e é importante que você entenda sua importância para romper a barreira da desconfiança por parte do comprador.

Essa barreira muitas vezes levantada não é pessoal e sim algo normal no processo de vendas. Portanto, dê a atenção e a importância necessárias às dúvidas e incertezas do seu comprador e forneça as informações solicitadas da forma mais profissional possível a fim de construir a sua credibilidade junto a ele. Entenda que as pessoas acreditam no que elas veem, então tenha sempre em mãos algum material que dê o apoio necessário ao seu negócio, seja ele uma amostra, uma apresentação ou demonstração, ou uma proposta bem elaborada.

De nada adianta ser o maior conhecedor do seu produto, se você não tem a dedicação e a paciência necessária para apresentá-lo ao seu prospect. Quando o estiver fazendo, faça questão de estar 100% presente, dê total atenção e não se deixe interromper por outros assuntos, pois é importante para ele que você demonstre o quanto se importa. Preste atenção no que ele está dizendo, ouça de verdade, e ajuste a sua apresentação se houver necessidade. *Como meu produto pode fazer a vida dele melhor? O que efetivamente ele precisa em seu negócio? Ele precisa de algum adicional que meu produto ou serviço não está entregando no momento? Como resolver isso?*

Entender o seu produto não é apenas saber exatamente quais são as suas características físicas, mas principalmente ter a sabedoria para compreender e saber comunicar como ele se encaixa, supre as necessidades e ajuda a resolver os problemas dos seus potenciais clientes.

**Tenha convicção
em relação ao que o seu produto ou
serviço pode fazer de bom.**

PRECIFICAÇÃO ADEQUADA

Busque uma estratégia adequada para a precificação do seu produto, sabendo que o principal é o valor que ele entrega ao seu cliente. Valorize o que deve ser valorizado e não caia na tentação de brigar para ter o menor preço, a não ser que este seja claramente o seu posicionamento no mercado e que você venda grandes quantidades.

Você precisa ter uma margem adequada para cobrir seus custos, para inovação, para se diferenciar da concorrência, para cobrir seus esforços de comunicação e vendas e para oferecer o serviço prometido ao seu cliente, de preferência superando as expectativas dele. Em outras palavras, você precisa agregar valor à sua entrega.

Deixe claro como seu produto ou serviço é a melhor solução para o problema do cliente e como ele se sentirá bem e ficará satisfeito com a escolha. Garanta que ele perceba o real benefício e o diferencial que você oferece. Dê a ele razões para a escolha e entregue a melhor experiência possível. Dessa forma, você poderá cobrar um preço justo e rentável, viabilizando a manutenção de uma carteira de clientes fiéis, que serão seu trunfo para alcançar seus objetivos atuais e futuros.

VALORIZE SUA ENTREGA

A verdade é que provavelmente haverá algum tipo de objeção em cada uma de suas vendas, pois isso faz parte da natureza humana. A sua função é ir até o final do processo, concluindo o negócio. Na verdade, se você está negociando com um possível cliente, esse já é um ótimo sinal de interesse pelo seu produto ou serviço, ou seja, você já avançou diversas etapas no processo de vendas, e essa é uma boa notícia.

Não bata de frente com seu prospect em nenhuma circunstância. Não é que ele esteja sempre certo, mas para manter o fluxo do processo de vendas é importante que você mantenha o foco na busca pelo desfecho desejado e chegue a um acordo. Se o que a pessoa falou está certo ou errado não importa exatamente, o mais importante é manter o relacionamento positivo, evitar o conflito e ir adiante para o fechamento do negócio.

Seja uma pessoa agradável e procure atender sempre que possível as necessidades levantadas pelo seu potencial cliente. Mesmo que alguma coisa não seja possível, acolha o que foi levantado e em seguida lide de forma racional com a questão. Se você discordar logo de cara, isso poderá parecer algo pessoal, existindo grande chance de afetar emocionalmente o outro lado, afastando-o de um fechamento do negócio. As pessoas têm emoções e geralmente não gostam de ser frontalmente contrariadas.

Já falamos da importância da positividade. Na área de vendas ela é ainda mais importante, pois o inverso, ou seja, a negatividade, afasta pessoas. Se você não tem algo positivo para dizer, provavelmente o melhor será que não diga nada, pois pessoas negativas são contagiantes e afetam não somente a si mesmas mas a todos a sua volta. Fique atento a essa importante questão sempre que selecionar novas pessoas para integrar sua equipe.

É importante compreender que o que mais interessa ao seu comprador é a confiança que ele terá de que o produto escolhido por ele é a melhor opção e é a solução correta para seu problema. Ou seja, mais do que o preço, o que importa é a satisfação que ele terá em encontrar a melhor solução.

Informe-se com seu comprador se existe a possibilidade de você entregar uma solução ainda mais completa, mesmo que por um preço superior. Se essa opção for considerada, você terá certeza de que o problema não é o preço e que existe ainda a possibilidade da realização de uma venda com valor ainda maior, contanto que a solução entregue seja a esperada. Isso ocorre pois as pessoas não querem tomar decisões equivocadas como talvez já tenham tomado no passado, mesmo que para isso tenham que pagar um pouco mais.

Uma das principais maneiras de conseguir agregar valor e receber ainda mais pelo que você faz é incorporar serviços de qualidade e desta forma diferenciar-se da concorrência. Pense em um restaurante sofisticado com serviço de alta qualidade *versus* um restaurante self-service que até possui uma boa comida, mas não entrega qualquer tipo de serviço. Ambos têm o seu público e o seu momento de consumo, mas eles atendem a necessidades distintas, e os preços cobrados são bastante diferentes.

Como já dissemos, reduzir o seu preço nunca é uma solução definitiva, a não ser que você tenha como posicionamento claro o menor preço do mercado. Mesmo assim, se você se basear apenas no preço baixo, outro concorrente sempre poderá oferecer um preço inferior e você perderá imediatamente o seu diferencial. Um preço muito baixo poderá fazer inclusive que alguém não compre de você, pois geralmente preços baixos não remetem a produtos e serviços de alta qualidade. Coisas muito baratas geralmente não são tão boas e, dependendo do que alguém procura, a falta de qualidade definitivamente não é uma opção.

Um produto inovador com alta qualidade oferece uma vantagem competitiva por maior período de tempo mas, novamente, não é uma vantagem definitiva, uma vez que seu produto inovador poderá ser copiado e seus concorrentes poderão entregar algo similar em um futuro próximo. É necessário, portanto, uma constante inovação e melhoria para seguir à frente da concorrência.

Um serviço entregue em alto nível e uma atitude verdadeira de se importar com seu cliente será um diferencial que permanecerá ao longo do tempo e criará uma reputação que irá diferenciá-lo da concorrência. Uma boa experiência ficará marcada e isso fará diferença na hora em que seu cliente realizar nova compra.

Muitas pessoas preferem pagar mais e ter o melhor em mãos, com a confiança de que fizeram a melhor opção e não com aquela sensação de que podem ter comprado algo de baixa qualidade devido ao baixo preço oferecido. Psicologicamente falando, muitas vezes o valor mais alto faz com que a pessoa fique ainda mais satisfeita com a sua compra e escolha, tendo a certeza de que tem o melhor em mãos.

Se você está negociando com um possível cliente, esse já é um ótimo sinal de interesse pelo seu produto ou serviço.

LIDANDO COM A REJEIÇÃO

Rejeição é algo que não agrada a ninguém. Nenhum vendedor gosta de receber um não, mas ele certamente estará lá em algum momento e fará parte da sua jornada mais vezes do que você gostaria. Infelizmente, fechar 100% dos negócios é uma total utopia e você sabe disso. Portanto, não se deixe desanimar por um não recebido, não foque, não se lamente nem se deixe afetar negativamente nesse momento. Você sempre poderá aprender com o que ocorreu, praticar ainda mais e ir atrás do próximo sim, que certamente estará logo adiante.

Um "não" está longe de ser uma arma fatal que irá matar você. Está mais para um susto que não tem maiores consequências, a não ser na sua mente. Treine o seu cérebro para que ele não tenha medo de receber um "não" e siga sempre adiante, até porque muitas vezes o "não" não é definitivo e existe a chance de ser revertido. Pense em quantas vezes isso ocorreu em diversas áreas da sua vida.

Não trave, não entre na defensiva e não caia na tentação de tentar convencer o outro lado de por que ele está errado quando lhe diz um "não". Isso só leva a um antagonismo improdutivo que inviabiliza qualquer chance de sucesso. Em vez disso, use outras perguntas para seguir adiante e para que você consiga ultrapassar essa barreira levantada pelo seu potencial cliente. Lembre-se de que é incomum se conseguir transformar um "não" imediatamente em um "sim", portanto sua primeira missão é fazer a pessoa olhar por outra perspectiva e pensar em um "talvez", mesmo que não diga isso explicitamente a você.

1. Assuma novamente o controle de suas emoções e não se sinta ultrajado pelo "não", afinal não é nada pessoal com você.

2. Fuja do atrito, concordando com o que foi dito e rompendo com a expectativa que o outro lado tem de haver algum tipo de discordância. Evite dizer "eu entendo", pois geralmente isso soa justamente ao contrário.

3. Faça uma pergunta, retome as rédeas e siga adiante.

Se a pessoa for deseducada, volte à sua lista e siga adiante, pois existem outros contatos a serem feitos. Não perca mais tempo com quem não merece sua atenção.

Exemplos:

"Estou ocupado."

Você pode dizer: "Eu esperava que estivesse, por isso eu estou ligando para me colocar à disposição e te ajudar a encontrar soluções que vão gerar maior produtividade para sua equipe, assim como fiz com dezenas de clientes da sua área com quem trabalhamos. Que tal se falarmos por apenas 10 minutos na próxima 4ª feira às 10h?"

"Estou satisfeito com o fornecedor atual."

Você pode dizer: "Que bom! Se você está recebendo o melhor serviço, é melhor não trocar nesse momento. Mas quem sabe ter mais informações não pode ajudar a manter seus custos alinhados com o mercado e a conhecer algumas inovações? Eu vou estar na sua região na 5a feira à tarde e poderia passar para um rápido café".

"Apenas me mande a informação por e-mail."

Você pode dizer: "Com o maior prazer! Como são muitas, me diga quais são as informações que são prioridade para você, de forma que eu possa enviar algo que seja efetivamente relevante e ir direto ao ponto? Não quero que você perca tempo com um conteúdo que não seja relevante para resolver os seus problemas".

"Não estou interessado."

Você pode dizer: "Faz total sentido você me dizer isso. Na verdade, boa parte dos meus clientes atuais também tiveram essa primeira impressão antes de ter mais informações, e hoje eles estão supersatisfeitos por terem aberto uma conversa, sem nenhum compromisso, para entender se realmente não teríamos como ajudar. Não tenho certeza se poderei ajudar sua empresa da mesma forma, mas acho que faz sentido descobrirmos. Que tal marcarmos uma rápida call de 15 minutos na 2ª feira às 9h?"

O USO DAS PALAVRAS IMPORTA

Algumas palavras bem colocadas ajudam a superar barreiras e evitar rejeições, pois são gatilhos mentais que despertam o interesse do seu interlocutor. Existem livros inteiros sobre o tema, e vale a pena pesquisar a respeito.

Por exemplo, já falamos do reflexo que as pessoas possuem quando recebem vendedores. Portanto, em vez de agendar uma reunião de negócios ou uma apresentação, que tal convidar para um "café" ou passar para uma "visita"? Soa mais amigável, não?

Também já mencionamos que as vendas são geralmente decididas pela emoção, e só depois pela razão. Então, que tal levar seu interlocutor a experimentar em sua mente um futuro cenário, perguntando: "Imagine como você se sentiria...", e completando com algo como: "... tendo tudo sob controle?", ou "...reduzindo seu estresse?". Ou então: "Imagine como seria se....", e complementando com algo que vá ao encontro dos seus desejos, do tipo: "...se você tivesse mais tempo para o que realmente importa?", ou "...se você tivesse todas as informações que precisa, na palma de suas mãos?"

Outra questão interessante é que as pessoas, assim como você, não querem ser rejeitadas e gostam de parecer bem na foto. Dessa forma, que tal introduzir uma oferta com: "Não sei bem se é para você, mas..." Isso com certeza fará a pessoa prestar atenção redobrada ao que será dito em seguida, afinal ela não quer ser excluída. Ou então: "Eu tenho dois tipos de clientes...", e completar com algo como: "...alguns mais inovadores e outros que têm maior dificuldade de mudar". Na cabeça do seu interlocutor, qual será o tipo em que ele quer se encaixar?

Substitua frases inadequadas e que parecem ser mais intrusivas por outras que não levantem um escudo protetor do seu interlocutor. Por exemplo, em vez de dizer: "Pode me dar seu telefone pessoal?", você pode simplesmente falar: "Qual o melhor número para que eu possa lhe contatar?" Ou em vez de dizer: "Mas por que você não quer comprar?", diga: "Apenas por curiosidade, o que exatamente está impedindo que avancemos para um acordo?", ou: "Apenas por curiosidade, o que precisa ocorrer para que você esteja mais seguro para tomar uma decisão?"

Lembre que as pessoas costumam querer ter a última palavra e tomar a decisão, mas ao mesmo tempo elas também querem ter a vida facilitada. Aproveite essas tendências, com frases como: "Você tem três opções que poderá escolher... (descreva-as). Me diga qual dessas seria a mais fácil para você?" Ou então: "Temos essas duas soluções para você. Qual das opções é suficiente?"

Por fim, procure deixar a pessoa em uma posição bastante confortável, com frases como: "A maioria das pessoas geralmente...", complementando com algo como: "...escolhem esse caminho", ou "...começam com essa solução mais simples", em seguida aponte a solução a ser seguida. Ou diga ainda: "Não se preocupe...", ou "O que acontece agora é que...", de forma que você transmita segurança e previsibilidade.

Em vez de agendar uma reunião de negócios ou uma apresentação, que tal convidar para um "café" ou passar para uma "visita"?

A SUA CONFIANÇA IMPORTA

A confiança ou a falta de confiança são transmitidas através da fala e da sua postura corporal. Independentemente de você estar fazendo o contato pessoalmente ou por telefone, é importante treinar e prestar atenção, pois transmitir ausência de confiança tende a minar qualquer possibilidade de concretização de um novo negócio.

Fique atento a alguns sinais da falta de confiança que devem ser evitados em seus contatos:

- FALAR EXTREMAMENTE RÁPIDO;
- TOM DE VOZ "NA DEFENSIVA";
- ACABAR AS FRASES REDUZINDO SUA VOZ;
- FALTA DE CONTATO VISUAL;
- FALAR MUITO "NÉ" OU COISAS DO TIPO NO MEIO DAS FRASES;
- MÃOS ESCONDIDAS NO BOLSO OU NA FRENTE DA BOCA;
- CABEÇA BAIXA, BRAÇOS CRUZADOS;
- TENSÃO CORPORAL.

Por isso, relaxe e busque um tom amigável na sua voz. Faça contato visual, tenha um firme aperto de mãos, mantenha a postura sem ser tenso, mantenha as mãos ao seu lado ou à sua frente, sorria e por fim mande o seu recado, dando a ênfase adequada às palavras mais importantes.

SEJA SOCIÁVEL E ALIMENTE SEU NETWORK

Entenda que a raiz do seu problema muitas vezes é a falta de conhecimento que as pessoas têm de você, do seu produto ou serviço. Por isso, você precisa pensar em expandir esse conhecimento e, dessa forma, entrar no radar das opções de escolha de seus clientes potenciais.

Para isso você precisa estar interessado em conhecer novas pessoas e em manter velhos conhecidos. Busque ser extrovertido e saia da sua toca. Quebre o gelo, supere o desconforto e aproxime-se do próximo contato com um sorriso no rosto, mesmo que você esteja falando ao telefone. Diga o seu primeiro nome, mantenha o tom amigável e conecte-se. Busque entender que tipo de problema você pode ajudar a solucionar, mas lembre-se de que primeiro é necessário estabelecer uma conexão sem maiores obrigações.

Por exemplo, se você for a eventos, entenda que não está lá para sair vendendo imediatamente, e sim para mostrar um interesse genuíno pelos outros e assim ser lembrado quando logo após o evento você estabelecer contato.

Pense só: Qual a pior coisa que pode acontecer ao buscar um novo contato? Essa coisa não é tão ruim assim, não é mesmo? Agora, pense: Qual a melhor coisa que pode acontecer? Vale a pena superar a timidez, não vale? Então, assuma esse "risco", saia da inércia, dê o primeiro passo, conheça novas pessoas e busque novas oportunidades.

Lembre que primeiro vêm o conhecimento e a atenção, e só depois vêm os negócios e os resultados financeiros. Mas para conseguir atenção é necessário ter atitude e muita disposição. Você precisa entrar em campo e ir a lugares onde o seu público está, seja uma feira de negócios, um clube, uma academia, a sede de uma empresa ou um grupo de interesse nas redes sociais. O importante é você estar comprometido a fazer novos e resgatar antigos contatos.

Aonde você pode ir hoje? Com quem pode falar? Que contatos você pode reacender? Em que lugar pode encontrar novas pessoas? Seja proativo e sempre busque por oportunidades. Não fique esperando que os outros venham até você.

Entenda que a raiz do seu problema muitas vezes é a falta de conhecimento que as pessoas têm de você, do seu produto ou serviço.

MANDAMENTOS DE UM VENDEDOR DE SUCESSO

1. Seja positivo em relação ao seu trabalho, não apenas em seus pensamentos, mas também em suas ações. Tenha convicção do seu potencial.

2. Tenha total conhecimento e confiança no seu produto ou serviço. Tenha orgulho do que está sendo oferecido, sabendo que ele irá resolver muitos problemas existentes.

3. Saiba o valor que o seu produto oferece e conheça o seu diferencial perante a concorrência. Tenha essas informações na ponta da língua.

4. Não tenha apenas um excelente discurso em relação ao que você está oferecendo, mas algo tangível para mostrar em uma apresentação e que deixará claro o valor daquilo que é oferecido.

5. Assuma o controle de cada minuto do seu dia. Seja eficiente e tenha consciência, a cada momento, sobre o que está sendo feito e aonde você quer chegar.

6. Trabalhe de forma incansável e persistente o fechamento de cada negócio e não aceite o primeiro não que receber, pois ele pode ser o início de um sim. Sempre busque concluir o negócio, mesmo que as chances pareçam pequenas.

7. Não entre em conflito com seu cliente e concorde sempre com o fato dele ter uma opinião, mesmo que seja divergente da sua. Não bata de frente e tenha paciência para reverter uma situação desconfortável.

8. Esteja disposto a receber alguns "nãos", sabendo que eles fazem parte do jogo. Busque sempre aprender com eles e siga adiante sem se colocar no papel de vítima.

9. Ouça com atenção, faça perguntas relevantes e aprenda com as respostas. Esteja presente e seja efetivamente interessado nos problemas existentes e em como você pode ajudar a resolvê-los.

10. Entenda que o preço não é a principal questão pela qual as pessoas não compram alguma coisa, pois sempre haverá algo mais barato em algum lugar, e você não deve se basear em preço para conquistar os seus clientes.

11. Aprenda a trabalhar sob pressão. Não baixe a guarda em bons momentos e não pense que os maus momentos vão durar para sempre. Mantenha sua atitude e suas convicções.

12. Acredite, vender é uma coisa boa. Tenha orgulho do seu trabalho, mas lembre que você precisa de treinamento e preparação para atingir todo o seu potencial.

13. Vendedores são a tropa de frente que vai a campo e carregam em si a responsabilidade de levar uma boa dose da imagem de sua empresa junto ao mercado. Cuide para que isso aconteça.

PRECISAMOS FALAR DE ESTRATÉGIA

Antes de falarmos sobre o processo de vendas, precisamos falar sobre estratégia. É importante ficar claro que todas as ações e os planos realizados pela área de vendas devem seguir uma estratégia previamente definida. Não existem espaços para invenções, mas para isso é importante haver clareza em relação à missão da empresa e a sua estratégia de mercado.

Nem preciso dizer o quanto a equipe de vendas deve estar a par e ter acesso a todas essas informações. Ou seja, é preciso deixar claro por que a empresa existe e em que direção ela está caminhando. É vital que seja definido e fique claro qual target sua equipe de vendas deve focar e quais mercados devem ser perseguidos. É estratégico que todos tenham na cabeça o storytelling da sua marca, do seu produto ou serviço, e saibam fazer uma grande apresentação, transmitindo o seu diferencial perante a concorrência. Também é importante que saibam apresentar a precificação e fazer a proposta de modo que fique claro que o valor entregue faz valer a pena o fechamento do negócio.

As perguntas abaixo devem ser respondidas com facilidade e de forma alinhada por todos em uma equipe de vendas:

- O QUE EXATAMENTE VENDEMOS?
- POR QUE RAZÃO VENDEMOS?
- QUAL O NOSSO PÚBLICO-ALVO E QUAL O PERFIL IDEAL DO NOSSO CLIENTE?
- POR QUE O NOSSO PREÇO FAZ SENTIDO?
- O QUE TEMOS DE MELHOR EM RELAÇÃO À CONCORRÊNCIA?
- PARA QUAL DIREÇÃO ESTAMOS INDO E POR QUÊ?
- QUAIS ARMAS TEMOS EM MÃOS PARA FAZER O NOSSO TRABALHO?
- QUAIS OS OBJETIVOS?
- O QUE PRECISAMOS FAZER PARA ALCANÇÁ-LOS? QUAL O PLANO DE ATAQUE?
- QUAL O STORYTELLING DA NOSSA MARCA, PRODUTO OU SERVIÇO?

Gerentes precisam apontar a direção correta e manter a equipe nela, assegurando que todos estejam preparados, informados, alinhados e equipados para a correta execução de suas tarefas.

Todas as ações e os planos realizados pela área de vendas devem seguir uma estratégia previamente definida.

VAMOS VENDER!

Você precisa ter persistência para vencer em vendas, pois não se trata de uma corrida de 100 metros rasos. Vendas está mais para uma maratona ou um triathlon de grandes distâncias, em que você precisa ter diversas habilidades e muito fôlego para chegar ao final.

É claro que cada venda é importante e você deve ter essa percepção, trabalhando para que cada uma delas seja um sucesso. Mas não deve colocar todas as suas fichas em um único negócio e depender dele como um caso de vida ou morte. É importante que você tenha muitas balas no cartucho e não uma única bala de prata. Por mais que ela seja especial, o risco elevado se torna um fardo e você não vai conseguir exercer a sua atividade como deveria.

Assim como um equilibrista, para que você obtenha sucesso em vendas, é importante que tenha muitos pratos para girar, pois algum poderá cair, mas outros vão restar e será nesses que você deverá passar a concentrar o seu esforço, sem se deixar distrair ou abater pelo que foi ao chão, afinal o show tem que continuar. Veja a cada momento quais dos pratos merecem sua maior atenção e o esforço que precisa ser feito para que eles continuem equilibrados. Nunca foque em apenas um deles e coloque continuamente novos pratos para rodar.

Venda é uma questão de números, de estatística. Você está cercado de oportunidades e de possibilidades. Se você se comunicar adequadamente e oferecer soluções para os problemas que estão à sua volta, conseguirá gerar novos negócios e manter seu pipeline sempre cheio. Mantê-lo dessa forma é fundamental para o sucesso contínuo em vendas. Não subestime o esforço necessário para essa tarefa e procure se colocar naquele círculo virtuoso em que suas vendas geram maior confiança e a sua confiança gera mais vendas.

Não se acomode com os bons números de hoje, pois eles podem não refletir os de amanhã. Celebre a venda realizada, mas não se esqueça

de manter o esforço para ter o seu pipeline sempre cheio. Mantenha-se a par não apenas da quantidade de potenciais clientes no pipeline, mas também da qualidade dessas oportunidades.

Divida o seu tempo de forma equilibrada entre as diversas fases do funil de vendas. Cada tipo de negócio possui o seu processo de vendas alinhado ao que oferece, sendo alguns mais rápidos e outros mais trabalhosos e demorados. De maneira geral, você precisará dividir o seu esforço em 3 momentos principais: o primeiro momento, quando é necessário ampliar seu network, realizar esforços de comunicação e contatos em busca de prospects e novas oportunidades; a fase intermediária, quando será preciso entender se a oportunidade é real e se ela faz sentido, sendo necessária a troca de informações entre as partes; e a fase final, que engloba o possível envio de uma proposta e todo o trabalho de fechamento da venda.

Como falamos, nem toda oportunidade é igual, e algumas com certeza irão merecer maior esforço e maior dedicação de sua parte por se tratarem de oportunidades com maior potencial de rentabilidade ou de imagem para o seu negócio. Além disso, algumas oportunidades são mais qualificadas e estão mais alinhadas com o perfil de clientes que você busca. Esses, provavelmente, serão os prospects que terão maior chance de sucesso, não apenas na venda, mas também no pós-venda e na satisfação com a solução oferecida, o que poderá levar a um boca a boca positivo, a novos cases de sucesso e a novas indicações.

É claro que dentro do seu planejamento de vendas você pode buscar espaço para ir atrás daqueles grandes clientes que fazem realmente a diferença no seu negócio, ou seja, seus key accounts. Entretanto, é importante que mesmo sem alcançar esse objetivo você consiga fechar o número necessário a cada mês, sem depender de algum grande fechamento, que geralmente é mais complexo, mais demorado e possui maior grau de incerteza quanto ao seu desfecho.

Buscar o contato de executivos seniors e que ocupam posições de destaque deve ser visto com naturalidade e fazer parte do seu dia a dia. Muitas vezes pode parecer mais assustador entrar em contato com pessoas desse perfil, mas a verdade é que no final das contas são pessoas como as outras, porém com mais conteúdo sobre a empresa, uma visão mais global da situação e grande foco na resolução de problemas. É claro que você deve estar bem preparado para a situação, entendendo que ocasionalmente poderá ser encaminhado a outra pessoa na equipe, que seja responsável por ela e esteja mais alinhada para conversar sobre o que você oferece.

**Celebre a venda realizada,
mas não se esqueça de manter
o esforço para ter o seu pipeline
sempre cheio.**

ESTRUTURA BÁSICA DE VENDAS

Tenha em mente que para vender é preciso ter uma estrutura básica de vendas e que não há grande segredo nisso.

- DEFINA QUEM É O SEU TARGET, ENTENDA OS DESEJOS E NECESSIDADES DELE.
- CRIE FERRAMENTAS BASEADAS EM SUA HISTÓRIA DE VENDAS, SEU STORYTELLING.
- PLANEJE SUAS AÇÕES DE VENDAS E ESTEJA PREPARADO, SENDO PROFUNDO CONHECEDOR DO SEU PRODUTO OU SERVIÇO.
- GERENCIE SEU TEMPO E APLIQUE O ESFORÇO NECESSÁRIO DE FORMA EFICIENTE.
- APRENDA COM OS FEEDBACKS RECEBIDOS, SEJAM ELES BONS OU RUINS.
- SEJA POSITIVO E CONFIANTE, E FAÇA COM QUE ISSO SE REFLITA NO SEU COMPORTAMENTO.

Seja proativo para ir atrás de novas oportunidades e não espere que elas caiam no seu colo. Não aja no modo reativo. Mesmo que o inbound marketing traga leads e resultados, você não deve depender somente dele para chegar ao seu objetivo de vendas. Não existe mágica. Antecipe-se e seja proativo, colocando-se como um consultor que resolve os problemas e constrói relacionamentos de longo prazo, e não um vendedor passivo que decorou o pitch a ser falado e por isso come a poeira do seu concorrente.

Entenda como está indo a execução do trabalho de vendas em sua empresa. Aqui também é importante que o básico em termos de estrutura de vendas esteja garantido, o que infelizmente em grande parte dos casos não ocorre.

- EXISTE UMA LISTA DE PROSPECTS ALINHADOS AO PERFIL DO TARGET PRETENDIDO? O QUE LEVOU A ESSA LISTAGEM?
- A SUA HISTÓRIA DE VENDAS ESTÁ BEM AMARRADA E É UTILIZADA COMO BASE PARA OS MATERIAIS DE PROSPECÇÃO USADOS PELA SUA EQUIPE?
- O QUE ESTÁ SENDO DITO AOS SEUS PROSPECTS SOBRE O QUE VOCÊS FAZEM, E QUAIS OS PRINCIPAIS DIFERENCIAIS DA SUA EMPRESA?
- O TEMPO DE SUA EQUIPE ESTÁ SENDO EMPREGADO PRINCIPALMENTE EM AÇÕES GERADORAS DE NOVOS NEGÓCIOS? OU É GASTO COM TRABALHOS ADMINISTRATIVOS?
- QUAL O PERCENTUAL DO TEMPO QUE SUA EQUIPE GASTA DIANTE DOS SEUS POTENCIAIS CLIENTES E CLIENTES ATUAIS, EM BUSCA DE AMPLIAR AS VENDAS?
- COMO OS ENCONTROS COM SEUS PROSPECTS SÃO ESTRUTURADOS? QUAL A HISTÓRIA DO PROSPECT? ALGUM DE SEUS CLIENTES DE SUCESSO POSSUI HISTÓRIAS SEMELHANTES?
- SE A SUA VENDA É B2B, QUAL O PRODUTO OU SERVIÇO QUE SEU CLIENTE OFERECE?
- QUANTO TEMPO ESTÁ SENDO USADO EM CADA UMA DAS ETAPAS DO PIPELINE DE VENDAS? SEU TEMPO É DADO PRIORITARIAMENTE ÀS MELHORES OPORTUNIDADES?

Como podemos ver, é grande o desafio de toda a equipe de vendas, a começar pelo gestor e líder de vendas, que deve dar as diretrizes e garantir que as ferramentas estejam disponíveis para sua equipe.

O PROCESSO DA VENDA

O processo da venda envolve diversos passos que devem estar bastante claros em sua mente, e devem satisfazer tanto a sua necessidade em captar informações e transmitir o que é necessário quanto atender o lado do comprador, transmitindo credibilidade e dando segurança em relação à sua decisão de compra.

Parece claro que quanto mais fácil e rápido for o processo, melhor para ambos os lados, e isso é real até mesmo porque a falta de tempo é um problema crônico nos dias atuais. Porém, antecipar algumas etapas apenas pela ansiedade do comprador ou pela pressa em realizar a venda pode colocar tudo a perder. Um exemplo claro disso é o envio precipitado de uma proposta, quando ainda não foi possível entender nem ao menos se o seu produto irá resolver os problemas do prospect.

O primeiro passo fundamental no processo da venda junto a um potencial cliente é entender quem ele é, quais as suas necessidades, e por que ele as têm. Em seguida é importante entender se o seu produto ou serviço vai ao encontro do que ele precisa e se resolve efetivamente os problemas do cliente. De nada adianta vender um produto ou serviço que não o atende, pois, apesar de parecer ser uma vitória fazer uma venda não muito encaixada, o fato é que o preço será pago depois com a insatisfação do comprador, o que poderá gerar desgaste e problemas futuros para você e para sua reputação.

Conhecendo os problemas e sabendo que a solução oferecida por você se encaixa com o que é necessário, é preciso que você tenha uma maneira de transmitir ao potencial cliente o quanto isso é verdade e o quanto seu produto ou serviço será a melhor escolha, afinal ele provavelmente tem outras opções no mercado. É importante entender como funciona o processo decisório do seu potencial cliente, quais pessoas devem estar convencidas em relação a sua proposta e o que deve ser feito ou providenciado para que você consiga chegar ao fechamento da venda.

Seguir os passos do processo da venda e dar a devida importância a cada um deles faz com que você tenha a rédea da situação e não fique à mercê apenas das vontades do comprador. Seja transparente com quem está negociando a respeito da importância desse processo e garanta a ele que cada passo será dado de forma fluida e com rapidez. Essa é uma forma de mostrar profissionalismo e conhecimento sobre a situação.

A existência de um processo não deve ser uma amarração e não indica que todos os processos acontecem com a mesma velocidade. Apesar de existir um ciclo de vendas, é sempre importante buscar a maior agilidade possível para o fechamento do negócio, sabendo antecipar os próximos movimentos sempre que for viável. Por exemplo, caso você esteja fazendo uma apresentação, será possível em algum momento perguntar se o que foi visto já é suficiente para a tomada de decisão. Se não for, você pode seguir adiante e perguntar novamente mais à frente. Se for, você terá conseguido reduzir o tempo do seu processo de vendas.

Da mesma forma que falamos que uma proposta feita prematuramente pode ser um tiro no pé, o inverso também é verdadeiro, pois a demora excessiva no envio de uma proposta é uma das causas mais comuns para a perda de negócios. Portanto, apresente o que for necessário, mas nunca se esqueça de deixar engatilhada a proposta para fechamento da venda assim que possível.

ESCOLHENDO SEU TARGET

É muito mais fácil, confortável e produtivo vender para novos clientes que tenham características semelhantes aos seus clientes atuais de maior sucesso do que para um cliente totalmente diferente. Defina o tipo de cliente que você procura, mantenha o foco e não fique pulando de galho em galho.

Trabalhe leads mais qualificados, que são aqueles que se encaixam no perfil do seu target e sobre os quais você possui mais informações. Esses serão seus futuros clientes mais satisfeitos, responsáveis por um boca a boca positivo que irá gerar indicações para outras vendas. Não invista muito tempo sistematicamente em leads pouco qualificados, que não se encaixam com o que você procura, pois provavelmente eles darão mais trabalho na venda e existe uma grande chance de serem clientes insatisfeitos no futuro.

Entenda quais prospects estão no topo de sua pirâmide de oportunidades e quais estão na sua parte inferior e ainda precisarão subir muitos degraus. Seja eficiente nos seus contatos para que todos avancem em direção à venda, mas aborde com atenção especial aqueles que já estão com o timing adequado para o fechamento do negócio.

Boa parte do sucesso nas vendas depende da lista de prospects, leads e clientes que você trabalha a cada dia. Por isso, não desperdice o seu tempo com escolhas equivocadas. Foque a energia do início de sua jornada diária naquelas oportunidades mais qualificadas, e com isso conquiste vitórias e ganhe motivação extra para o restante do dia.

Busque clientes atuais que estejam satisfeitos e desejem ampliar suas compras. Busque leads cujas informações são qualificadas, que se assemelham aos seus principais clientes, que claramente possuem orçamento para a aquisição, que têm pessoas com maior poder de decisão participando dos contatos, que se mostraram mais interessados até então e os que chegaram por referência de clientes atuais.

Use uma boa ferramenta de CRM para ter as informações que precisa em mãos, de forma que você tenha a organização necessária para a priorização de suas tarefas do dia. Insira ali todas as informações importantes sobre as suas oportunidades, mas não faça isso no momento em que você está concentrado em suas vendas. Tome notas e depois separe um momento do dia para inseri-las no CRM sem que isso atrapalhe o fluxo do que é mais importante, que é estar diante de seus clientes atuais e potenciais.

AUMENTANDO SUA FAMILIARIDADE

Familiaridade é algo fundamental, pois significa que você é conhecido por oferecer um certo produto ou serviço. Sendo reconhecido como tal, haverá um aumento significativo da possibilidade de um potencial parceiro comercial fazer negócios com você.

Construir familiaridade não é um trabalho de uma hora para outra. Ao contrário, precisa ser feito de forma consistente por meio de um engajamento constante com o seu prospect, seja através de e-mails, ligações, reuniões, vídeochamadas, contatos informais ou interações nas redes sociais, com curtidas e comentários em postagens, por exemplo. Quanto mais aumenta a familiaridade, maior a chance de você ser lembrado e de algum negócio ocorrer.

Aumentar a familiaridade geralmente não é o principal objetivo de sua prospecção, que certamente é fechar novos negócios. Mas, definitivamente, é um dos objetivos que você possui, juntamente com o levantamento de informações, o agendamento de encontros e as demonstrações aos prospects.

Dito isso, o passo seguinte a ser alcançado é o da confiança, que advém da familiaridade positiva. A confiança é o óleo que faz a engrenagem das vendas funcionar mais facilmente, aumentando em muito a propensão para a realização de novos negócios.

Por isso, nunca deixe de solicitar referências, pois uma boa indicação abre portas, e você automaticamente já ganha maior confiança da pessoa que for contactar.

A confiança é o óleo que faz a engrenagem das vendas funcionar mais facilmente.

A MATEMÁTICA DA VENDA

Já falamos que vendas é um jogo de números e uma questão de matemática. Pense nas funções que você estudava no colégio. Seu resultado de vendas é uma função da qualidade do seu produto ou serviço, da demanda do mercado, da qualidade do seu discurso de vendas e da quantidade de energia investida em suas ações.

Vendedores com alta performance geralmente são pessoas muito ativas. Isso acontece porque quanto mais prospects eles encontram, maior a chance que eles têm de fechar novos negócios. Ao longo do tempo, vai ficando mais clara a quantidade de atividade que deve ser despendida para se atingir um resultado esperado, podendo até mesmo ser feita uma equação de trás pra frente, de forma a se obter o nível de atividade aproximado para se chegar a um nível de vendas desejado.

Por exemplo, digamos que você já tenha um histórico que indique que a cada 5 propostas apresentadas você consegue fechar 1 negócio. Você sabe ainda que, para cada 10 prospects com quem tem um contato inicial, 20% deles darão sequência para ter um contato mais aprofundado. E que, metade desses terá interesse em ter uma proposta para atender à sua necessidade.

Digamos agora que seu objetivo seja fechar 10 novos negócios no período. Então, na média — obviamente sabemos que haverá alguma variação ao longo do tempo — será necessário realizar um contato inicial com 500 novos prospects. Isso porque, desses 500 prospects que receberem a informação inicial, 20% deles irão adiante, ou seja, 100. Desses 100 que aprofundarem o contato, 50% terão interesse em uma proposta, ou seja, 50. E desses 50 que receberem a proposta, 20% (1 a cada 5) irão fechar o negócio, resultando em 10 novos negócios no período.

Como já falamos, cada tipo de negócio tem seu próprio processo de vendas, com quantidades e etapas distintas. Desenhe o seu processo, faça a sua matemática e você verá por que está tendo os resultados atuais e o quanto eles estão ligados ao nível de esforço realizado e aos índices de sucesso (ou de conversões) que você tem em cada uma de suas etapas. Isso fará com que tenha maior controle sobre os seus resultados.

A representação gráfica mais adequada para esse processo é o funil de vendas. Mesmo que cada negócio tenha seus próprios números, será sempre necessário que o funil seja alimentado constantemente com uma certa quantidade de novos negócios potenciais e de novas oportunidades para que, ao seu final, um certo número de novos fechamentos seja alcançado.

Desta forma, no exemplo dado acima, você precisaria atuar e colocar a energia necessária para ter 500 prospects entrando no seu funil de vendas e fazer o esforço necessário para que eles evoluam em cada fase do funil, de forma a ter o resultado planejado de 10 vendas ao final.

Para um melhor resultado, é preciso aumentar a quantidade e a qualidade do que entra no funil, através de um maior esforço de comunicação e prospecção ativa, além de um melhor entendimento do perfil ideal do target procurado. Além disso, é possível trabalhar a sua eficiência de modo a elevar os índices de conversão a cada etapa, tendo assim um maior percentual de prospects saindo como clientes ao final do trabalho realizado.

STORYTELLING

Qualquer venda diz respeito a números e fatos, mas também envolve emoção. No momento da compra é importante que as pessoas se sintam bem com a escolha feita e, para que isso ocorra, uma boa história por trás de uma marca, produto ou serviço faz toda a diferença.

Um bom storytelling é envolvente, vai além das características básicas e chega ao coração das pessoas. Todo produto ou serviço tem uma história por trás. Você e sua empresa só precisam descobri-la e trazê-la à tona para conseguir ter toda a atenção que precisam dos seus clientes.

Mas lembre-se de que, ao final das contas, o protagonista de qualquer história deve ser o seu comprador, e qualquer roteiro bem feito deve colocá-lo em um lugar de grande destaque. Portanto, uma história de sucesso não é isoladamente sobre você e o quão maravilhoso você é, e sim sobre como o que você entrega pode beneficiar o seu prospect ouvinte.

Seu storytelling pode conter todas as características maravilhosas do seu produto ou serviço e de como ele foi criado e é especial, porém, mesmo depois de tudo isso, a pergunta que ficará na mente do seu cliente potencial será: *Como eu me encaixo nisso?* Pense em que resposta você daria a essa pergunta. No final das contas, o que o cliente ganha em seu caso específico? Lembre que vender é ganhar o coração dele, e não apenas a mente.

Um boa história, que agregue valor ao que você oferece e o posicione como solucionador de problemas de forma simples e clara, é uma arma fundamental no seu arsenal de vendas. Ela será a base utilizada em diversos momentos de sua comunicação, seja na criação de e-mails, no conteúdo usado em suas ligações, na criação de propostas ou nos posts e artigos que você irá colocar em suas redes sociais.

Uma boa história que merece ser contada faz toda a diferença, pois abre portas e gera maior confiança, orgulho e entusiasmo de todos na equipe de vendas. Um bom storytelling, que deixa claros os valores da empresa e o papel do vendedor como solucionador de problemas, é uma peça fundamental do seu quebra-cabeças e deve ser compartilhada com toda sua equipe.

Por outro lado, uma história mal amarrada, que não deixa claro os diferenciais do seu produto e o quanto eles são relevantes para a solução dos problemas dos seus clientes, pode ser a causa de uma baixa autoestima e da falta de confiança da equipe de vendas, refletindo decisivamente nos resultados alcançados.

Se você ainda não tem a sua história de vendas bem amarrada, junte a sua equipe e gaste algumas horas para colocar o melhor storytelling possível no papel, de forma que todos tenham acesso e estejam confiantes e alinhados em torno dela.

Vocês podem começar fazendo um brainstorm, colocando no papel as dores e os problemas que vocês ajudam seus clientes a resolver, as soluções que oferecem com seu produto ou serviço e quais os diferenciais que entendem que possuem. Coloquem no papel o porquê de seus principais clientes trabalham com vocês, quais os problemas que vocês os ajudam a enfrentar e qual tem sido o resultado alcançado. Se necessário, ligue para clientes próximos, faça essas perguntas a eles e ouça atentamente por que fecharam e continuam com vocês e não com qualquer outra opção. Além disso, pense no que seus não clientes estão perdendo por não trabalharem com a sua empresa.

Em seguida, com todo o conteúdo necessário em mãos, encontre a melhor forma de contar a sua história, que não pode ser algo entediante ou confuso. Plante uma ideia central forte e insira algum detalhe curioso que faça com que seu prospect não se esqueça de você. Use a criatividade e vá além do óbvio. Mostre que você entende as dores dos seus clientes e transmita credibilidade e confiança através de exemplos e conquistas.

Ao contar sua história ao seu prospect, não se estenda sem necessidade, mesmo que esteja constrangido pelo silêncio ao redor. Não encha linguiça e saiba quando parar de falar sobre você para começar a ouvir e a fazer perguntas. Utilize boa parte do tempo que você tem para obter mais informações sobre seu futuro cliente, pois no final das contas são essas informações que farão com que você defina seus próximos passos e possa atender às expectativas do prospect.

Uma história de sucesso não é isoladamente sobre você e o quão maravilhoso você é, e sim sobre como o que você entrega pode beneficiar o seu prospect.

APRESENTAR x VENDER

Ter uma boa história para contar, que apresente os benefícios do seu produto ou serviço, é fundamental porém não é o suficiente. Você também deve se preparar estruturando previamente o seu encontro, ligação ou reunião, e sabendo claramente qual o seu objetivo e o que quer alcançar.

Sem um propósito claro para a sua reunião, você pode acabar falando demais e perguntando de menos, transformando o momento de vendas em uma apresentação unilateral monótona e pouco eficiente.

Comece entendendo qual o perfil das pessoas que estarão na reunião e qual a expectativa delas em relação ao encontro. Planeje como se dará a reunião, de forma que você não fique na defensiva e ela não acabe sendo conduzida pelo comprador, que poderá não dar espaço para que você aborde da maneira adequada aspectos importantes para a sua venda.

Em geral, as pessoas acham que vender é sinônimo de apresentar, mas isso não é verdade. Uma boa apresentação faz parte da venda, mas tudo tem o seu momento. No primeiro encontro, por exemplo, uma apresentação pode não ser o mais adequado a ser feito. Para preparar e realizar uma boa apresentação, é importante que você entenda o seu cliente de forma a adequar o que vai ser dito ao que ele realmente necessita. Perguntas iniciais fazem com que você mostre que está efetivamente interessado e serão balizadoras para que você entenda se o seu produto ou serviço faz sentido e poderá realmente solucionar os problemas apresentados.

Um monólogo da sua parte não é a melhor forma de conduzir uma venda, principalmente em um primeiro encontro, quando você precisa fazer perguntas relevantes e ouvir muito o seu potencial cliente. Portanto, sente ao seu lado, demonstre empatia, entenda as suas dores, levante as informações que você precisa e inicie a construção de um relacionamento duradouro.

Caso o seu cliente queira pular essa etapa e ir direto para a demonstração, busque fazê-lo entender que esse não é o melhor processo e o que gerará o melhor resultado. Insista em ter uma conversa prévia para que você possa oferecer o seu melhor. Faça-o entender que ele ganhará tempo com isso, pois você poderá, quando o momento da apresentação chegar, ir direto ao ponto em relação às questões mais relevantes para ele.

Após a conversa inicial e um melhor entendimento do seu prospect, aí sim terá chegado a hora da sua apresentação. Mesmo nesse momento, busque ser sucinto e não exagerar nos slides. Foque no que realmente importa e volte a ter uma conversa, recebendo feedbacks e agregando novas informações de acordo com o que seu cliente falar para você.

A apresentação pode ter início com uma agenda proposta e um rápido resumo da sua empresa em um ou dois slides apenas. Em seguida, é importante mostrar que você fez seu dever de casa e se importou com as informações recebidas, apresentando o seu entendimento específico sobre a situação atual e as necessidades do potencial cliente. Por fim, apresente como seu produto ou serviço poderá ajudá-lo a resolver as suas questões. E ponto final. Sem alongar desnecessariamente, volte para o diálogo com seu cliente, buscando feedbacks sobre o que foi apresentado, confirmando seu diagnóstico e entendendo o que mais poderá agregar de informação.

IMPORTÂNCIA DA PROSPECÇÃO

Empresas e profissionais de vendas de grande sucesso são incansáveis em termos de prospecção e busca por resultados. Eles sabem que novas vendas e novos negócios são o oxigênio fundamental para a sobrevivência da empresa.

Muitas vezes o problema não está na falta de talentos, em alguma questão ligada ao seu produto ou em sua política de preços. Simplesmente o problema é a falta de tempo e esforço suficiente na prospecção de novos negócios. É muito comum, por exemplo, que uma equipe de vendas prefira usar seu tempo paparicando clientes existentes do que indo atrás de novos clientes, afinal já existe um relacionamento construído e uma certa zona de conforto.

Prospecção é fundamental em tempos difíceis pois é a única solução para sair do buraco, e é também fundamental em tempos prósperos pois só ela poderá garantir que eles se prolonguem indeterminadamente. Prospecção é algo que não pode ser procrastinado, é algo que não pode gerar medo em sua equipe, é algo que deve ser feito com todo entusiasmo e sem desculpas. Ela é a essência do seu negócio e, como já falamos, todas as outras áreas de sua empresa dependem de um pipeline que esteja sempre cheio.

Seja a prospecção feita através de e-mails, cold calls, visitas *in loco,* encontros, telefonemas ou via redes sociais, o mantra deve sempre ser "vamos com tudo mais uma vez!"

Não existe atalho ou caminho fácil para a prospecção, nem adianta procurar pois vai ser uma perda de tempo. Portanto, não desanime e foque em tudo aquilo que está sob seu controle: suas escolhas, suas atitudes, o uso do seu tempo, suas reações, suas emoções, seus desejos e sua disciplina em não desistir.

A prospecção provavelmente não será a parte mais divertida do seu dia, mas certamente será aquela parte que vai fazer a diferença no seu futuro.

Sempre haverá algo menos trabalhoso a ser feito, porém lembre-se: o que separa efetivamente as pessoas de sucesso das demais é que elas vão aonde é necessário e fazem o que precisa ser feito a todo custo. Ficar esperando o momento ideal para fazer algo acontecer pode fazer com que você espere indefinidamente. Aquela inspiração e aquela vontade que você aguarda muitas vezes só aparece depois que você tem a atitude de sair da inércia e fazer acontecer.

Um escritor precisa escrever a cada dia. Um ator precisa atuar. Um esportista precisa treinar e competir. Um vendedor precisa prospectar e vender.

Caso a sua equipe de vendas ou um vendedor específico não esteja atingindo os resultados esperados, é importante entender quais são as causas. Elas podem ser definição sem foco do seu target, história de vendas mal construída, ferramentas inadequadas ou alocação inadequada do tempo disponível ao longo do dia.

Também é possível que o perfil do profissional da área não seja o mais apropriado para a função, e isso não é demérito para ninguém, mas apenas uma constatação. Vendedores com alta performance possuem algumas características pessoais em comum:

- QUEREM ATINGIR O TOPO, POIS SÃO ALTAMENTE COMPETITIVOS E NÃO SE CONTENTAM COM MENOS DO QUE ISSO;
- SÃO PERSISTENTES E NÃO SE DEIXAM DESANIMAR QUANDO RECEBEM ALGUM NÃO, SABENDO SE ADAPTAR ÀS CIRCUNSTÂNCIAS;
- APROVEITAM O MÁXIMO DO SEU DIA E SEGUEM SEMPRE ADIANTE;

- SÃO POSITIVOS QUANTO AOS RESULTADOS QUE SERÃO ALCANÇADOS E POR ISSO DEMONSTRAM MAIOR CONFIANÇA JUNTO AOS SEUS PROSPECTS;

- SÃO DISCIPLINADOS E SISTEMÁTICOS E SABEM MANTER O FOCO SEMPRE QUE NECESSÁRIO, PRINCIPALMENTE NAS HORAS DESTINADAS À PROSPECÇÃO;

- TEM ORGULHO DO QUE FAZEM, BUSCAM CONHECIMENTO PARA CRESCER E SE DESENVOLVER EM SUA PROFISSÃO.

Abrace a prospecção, pois ela será sua parceira fiel para enfrentar dois dos seus maiores problemas: A • As pessoas não te conhecem, não conhecem seus produtos ou seus serviços, e B • As pessoas te conhecem, mas não pensam em você para resolver seus problemas nem mesmo quando estão dispostas a encontrar alguém.

A prospecção provavelmente não será
a parte mais divertida do seu dia,
mas certamente será aquela parte
que vai fazer a diferença no seu futuro.

PARALISIA NA PROSPECÇÃO

Se você quer uma fórmula certa para o insucesso, segue abaixo:

INSUCESSO
=
PROCRASTINAÇÃO + PERFECCIONISMO
+ MEDO DO FRACASSO

A ausência de proatividade na prospecção de novos negócios irá matar a sua empresa. Em se tratando de vendas, não existe recompensa em deixar para depois o que precisa ser feito, sobrará apenas arrependimento e frustração. Como já falamos, pode parecer fácil não fazer nada agora, mas essa atitude terá consequências e não será nada fácil mais adiante.

Não existe a perfeição, mas existe o tempo perdido em sua busca. Muitas vezes a pretensa busca pela perfeição é apenas uma forma de adiar o que precisa ser colocado em prática. É aquela velha história de "quando isso...", "quando aquilo..." É um problema bastante sutil, pois você está aparentemente trabalhando e tentando melhorar, mas na verdade não está sendo efetivamente produtivo com o que precisa ser realmente feito: vender.

Medo gera paralisia nas suas ações e por isso ele é um problema a ser enfrentado e superado. É claro que ligar para um desconhecido não é a coisa mais confortável de se fazer, mas assim como um palestrante precisa enfrentar muitas vezes a sua plateia até passar a ter prazer no que faz, o vendedor também precisa se acostumar com a situação e entender que está ali para levar boas soluções, encarando seu desafio de forma positiva, natural e sem medo.

A rejeição não é algo pessoal e não deve ser levada para esse lado. Controle os seus sentimentos e entenda que muitas vezes a rejeição do seu cliente é algo quase automático, que ocorre da mesma forma de quando você vai numa loja e o vendedor o aborda. Mesmo que esteja precisando de ajuda, é bem provável que você diga "estou apenas olhando", e até mesmo saia do estabelecimento. É um reflexo e não teve nada a ver com a pessoa que o abordou.

Não hesite. Não volte à inércia. Mantenha-se em movimento mesmo em face de uma rejeição. Entenda que seu medo é um sinal de que você precisa seguir adiante. Não se esconda navegando na internet, vendo notícias, limpando sua mesa, organizando o CRM ou parecendo ocupado em trabalhos burocráticos. Permaneça com o modo "vendas" ligado e vá em frente.

Mantenha a rotina planejada e seja disciplinado com seus horários de prospecção, independentemente dos últimos resultados. Saiba exatamente o que falar, de maneira que isso não seja mais uma barreira de desconforto. Saiba que a rejeição irá ocorrer. Aceite e supere esse fato, pois ele faz parte do show.

**Em se tratando de vendas,
não existe recompensa em deixar
para depois o que precisa ser feito,
sobrará apenas arrependimento
e frustração.**

SETE PASSOS PARA UMA REUNIÃO DE VENDAS DE SUCESSO

É importante que você estruture a sua reunião de vendas e tenha cada um dos passos pelos quais pretende passar bem definido, de forma que obtenha o melhor resultado.

PASSO 1

Quebre o gelo e construa uma atmosfera agradável para o encontro com seu cliente potencial. Fale sobre as últimas notícias, o tempo, o seu esporte favorito. Conheça melhor quem está na sua frente e qual o estilo dele. Dessa forma será possível fazer pequenas adaptações no que você vai falar para que a sua mensagem seja melhor entendida. Deixe seu interlocutor bastante confortável, até mesmo em relação ao tempo que vocês vão levar nesse bate-papo inicial.

PASSO 2

Compartilhe com seu interlocutor qual é a sua agenda e qual a sua expectativa para o encontro. Mostre dessa maneira que você não é amador e que tem em mente exatamente o que precisa para que possa ajudá-lo efetivamente. Deixe-o saber que você espera que a reunião não seja um monólogo e sim uma rica troca de ideias e informações. Entenda exatamente quanto tempo você tem e certifique-se de que a sua agenda vai ao encontro da necessidade de ambos.

Exemplo:
"Então, Camila, obrigado pelo seu tempo. Eu acredito que iremos precisar de cerca de 45 minutos para nosso bate-papo aqui. Está ok para você? Ótimo então, mas fique à vontade caso você queira alongar um pouco mais. A ideia é passar para você um pouco sobre o nosso produto/serviço e a nossa

empresa, em aproximadamente 10 minutos, apresentando nossos diferenciais e como temos ajudado clientes a terem a melhor solução em nossa área. Em seguida seria importante fazer algumas perguntas para que eu possa conhecer exatamente seus problemas e necessidades e assim seguirmos apresentando mais informações voltadas exatamente para o que você precisa, talvez ilustradas com alguns cases que sejam relevantes para o seu negócio. Dessa forma, vamos conseguir entender se existe uma sinergia e se devemos ir adiante com nossa parceria. Bem, isso foi o que imaginei para a nossa agenda. Mas me diga se ela vai ao encontro do que você está esperando."

PASSO 3

Apresente as suas armas, ou seja, o que a sua empresa oferece, focando sempre nas soluções de problemas que fazem com que seus clientes trabalhem com vocês, e no porquê de vocês serem a melhor solução disponível.

PASSO 4

Não exagere no tempo que você fala de si mesmo. Entregue de forma objetiva as informações de sua empresa e siga para a etapa seguinte, começando a fazer perguntas relevantes que o façam entender exatamente o que se passa e quais os problemas e necessidades do seu prospect.

PASSO 5

Mostre que você entendeu os problemas do seu cliente pontencial, complementando o que foi apresentado com histórias dos seus próprios clientes e situações em que problemas similares foram resolvidos.

PASSO 6

Sendo o caso, compartilhe com seu prospect o seu entendimento de que existe afinidade e que faz sentido vocês continuarem com o processo. Seja otimista quanto à possível solução das dores do seu potencial cliente e o quanto você está entusiasmado em ajudá-lo a resolvê-las. Não seja repetitivo e esteja aberto para receber o feedback necessário e também a fim de entender quais obstáculos precisam ser superados para a parceria ir adiante.

PASSO 7

O mais importante é que vocês definam os próximos passos, pois sem isso provavelmente o negócio vai dar em água. Pergunte o que seu cliente sugere como o próximo passo ou sugira o que você acredita que deva ser feito. Além de definir o que será feito, é importante fixar datas e agendar o próximo encontro.

Lembre-se de que conhecimento é poder. Você deve não apenas conhecer profundamente o seu produto ou serviço, mas ter o entendimento da situação e do contexto em que você se encontra. Conhecer o seu cliente mais profundamente certamente levará a uma vantagem competitiva, mas é claro que você deve analisar cada situação, pois existem clientes com os quais será importante e necessário que você vá ainda mais a fundo, pois eles terão um potencial de negócio em que vale a pena esse investimento. Por outro lado, é importante que você tenha um padrão simplificado, que possa ser aplicado àqueles clientes em que você não vê grande potencial e que não devem tomar um tempo demasiadamente longo.

O SEGUNDO ENCONTRO

Vamos imaginar o seguinte cenário: após a reunião inicial, seu cliente potencial agenda um novo encontro, que dessa vez terá a participação de outras pessoas de sua equipe, além de você. Obviamente, antes desse segundo encontro é importante que todos estejam alinhados e preparados para o que vai acontecer, por isso é sempre bom repassar o conhecimento adquirido sobre o prospect e ter em mente algumas respostas para importantes questões.

- QUEM VAMOS ENCONTRAR E QUAL FUNÇÃO ELE EXERCE?
- QUAL O ESTILO DO CLIENTE?
- O QUE É REALMENTE IMPORTANTE PARA O CLIENTE? QUAIS AS SUAS DORES E SEUS PROBLEMAS?
- COMO FOI O ÚLTIMO ENCONTRO E O QUE FICOU DETERMINADO COMO OS PRÓXIMOS PASSOS?
- O QUE ELES ESPERAM DESSE PRÓXIMO ENCONTRO?
- ESTAMOS LEVANDO EXATAMENTE O QUE ELES ESPERAM DE NÓS?
- O QUE NÓS ESPERAMOS DESSE PRÓXIMO ENCONTRO? QUAIS SÃO NOSSOS OBJETIVOS?
- QUAL O PAPEL QUE CADA UM DE NÓS DEVERÁ DESEMPENHAR NA REUNIÃO?
- NÓS SABEMOS QUAIS CONCORRENTES ESTÃO ENVOLVIDOS? QUAIS OS NOSSOS DIFERENCIAIS EM RELAÇÃO A ELES? QUAIS AS NOSSAS MAIORES VULNERABILIDADES?

DICAS PARA SUA PROSPECÇÃO

1. É preciso agir para você ganhar confiança. Parado, você só irá aumentar as dúvidas na sua cabeça. É importante que saia da sua zona de conforto e faça acontecer.

2. Cuidado para não se afundar em trabalhos administrativos. Pode parecer o mais importante no momento, mas você terá problemas em seus resultados futuros.

3. Comprometa-se em prospectar todos os dias. Quanto mais fizer isso, melhor você fica e os resultados aparecerão.

4. Seja disciplinado. Envie e-mails, mande mensagens, use o LinkedIn, peça referências, bata em portas, vá a eventos, conheça novas pessoas, amplie seu network, faça ligações e tome as atitudes que estiverem ao seu alcance. Existem diversas maneiras de prospectar e o ideal é que você faça um pouco de cada uma delas.

5. Não espere que todos os leads caiam no seu colo através do inbound marketing e que você não precise prospectar. Se você sentar e esperar, certamente chegará muito tarde à festa e boa parte das oportunidades irá para a concorrência.

6. Não tenha medo de interromper as pessoas. Seja você mesmo e saiba que você está ali para ajudá-las em seus problemas. Demonstre confiança, sorria e seja positivo ao telefone da mesma maneira que seria pessoalmente. Mostrar falta de confiança irá aniquilar o seu contato.

7. Entenda que seu trabalho de prospecção hoje irá afetar significativamente os seus resultados nos próximos meses. Portanto, não deixe nenhuma lacuna e corra atrás dos resultados todos os dias.

8. É fundamental que você mantenha o seu pipeline sempre cheio. Entenda a matemática de números por trás disso. Por exemplo, se a cada 20 negócios você fecha um, para cada negócio fechado serão necessários no mínimo 20 novos leads entrando no funil. Conheça seus números e acompanhe sua performance.

9. Seja eficiente e não complique desnecessariamente. Saiba o que você quer a cada contato com seu prospect, faça o que precisa ser feito, seja objetivo e siga adiante sem perder o seu valioso tempo. Faça seus contatos com qualidade, mas tão rápido quanto possível para que a estatística se mantenha a seu favor.

SEPARE UM TEMPO E DEDIQUE-SE

O tempo que gastamos com trabalhos administrativos não deve afetar a nossa prospecção. Por isso, é importante que você garanta, em sua agenda semanal, algumas horas que — faça chuva ou faça sol — serão dedicadas à busca por novos negócios.

Coloque em sua agenda esse compromisso fundamental e não deixe que fatores externos atrapalhem a sua realização, pois esse é um momento em que você precisa estar focado e com alta concentração para que tenha maior produtividade e efetividade. Garanta que toda sua equipe saiba que você não deve ser interrompido.

Veja o que mais se adequa à sua rotina, que pode ser a reserva diária de três blocos de tempo — digamos, com 90 minutos cada um — pela manhã, no início e ao final da tarde —, ou a definição de alguns dias da semana em que você dedicará mais horas a essa função. Como é um trabalho bastante exigente, provavelmente você não conseguirá manter a concentração por mais de 1 ou 2 horas em cada bloco. Mais do que isso, provavelmente levará à distração e perda de produtividade.

Ao longo desse tempo, não veja sua caixa de entrada de e-mail, mensagens ou redes sociais e não atenda outros telefonemas ou pessoas que o procurem. Foque totalmente nos seus objetivos e aumente sua eficiência.

Não se esqueça de que a preparação e a qualificação da lista de prospecção a ser realizada não deve fazer parte desse seu momento. Sua lista e seu CRM já devem estar devidamente preparados para que você entre em ação e faça os contatos necessários. Esse também não é o momento da preparação de sua apresentação ou da análise dos seus leads e prospects, que já devem ter sido previamente realizadas. E também não é o momento de você inserir dados e atualizar seu CRM. Como já falamos, tome notas rápidas e deixe isso para depois.

Lembre-se: esse é um momento de foco e de ação, e você deve utilizá-lo unicamente para se colocar frente a frente com novos prospects em busca de novas oportunidades de negócios. Com maior produtividade e eficiência na sua prospecção, você terá mais tempo sobrando para as demais tarefas a serem feitas.

Você poderá separar outros momentos da sua agenda, por exemplo, para follow-ups, envio de propostas, pesquisa de leads, contatos com clientes atuais para cross-selling e fechamentos de negócios. Essas tarefas são fundamentais, mas não devem ser realizadas enquanto você está concentrado na sua tarefa de prospecção, ou elas acabarão tomando todo o tempo disponível.

**Com maior produtividade
e eficiência na sua prospecção,
você terá mais tempo sobrando para
as demais tarefas a serem feitas.**

REALIZANDO CONTATOS COM SUCESSO

Não dá para fingir que não existe nenhuma resistência quando o prospect recebe um primeiro contato para um novo negócio, mas esse também não deve ser motivo de desânimo. O fato concreto é que, em geral, a resistência será maior ou menor de acordo com a forma com que o seu contato for realizado. Além disso, ajuda muito se já existir um conhecimento prévio de sua empresa por parte da pessoa contactada.

De qualquer forma, nos dias atuais, quando é tudo feito por mensagens, e-mails automatizados e chamadas gravadas, não deixa de ser um diferencial poder falar "olho no olho" com seu cliente potencial, ainda mais quando você pode ser um portador de boas notícias. Além disso, você consegue uma taxa de respostas maior que nos demais meios, inclusive informações e feedbacks importantes e, por fim, não tem absolutamente nada a perder.

O inbound marketing, o content marketing e o SEO não cobrem tudo o que você poderá fazer através da prospecção ativa e do outbound marketing em suas diversas formas. O cold call ou a visita sem agendamento prévio são duas dessas formas, que poderão ser mais ou menos utilizadas de acordo com o seu negócio. Elas são maneiras importantes de ampliar seu alcance e seus resultados.

Para reduzir a resistência inicial de um contato inesperado, é importante que você preste atenção na forma com que você é percebido pelo seu interlocutor. Se logo de cara você tiver aquele discurso engessado e decorado, pode ter certeza de que não terá um bom começo. Você precisa desmontar a tendência natural que existe em se criar um escudo de proteção "antivendedores".

Voltando a algo importante que já foi falado, o começo de tudo é a sua percepção clara de que o seu produto ou serviço pode levar reais benefícios ao seu prospect. Essa crença deve se basear em um profundo conhecimento do que você está oferecendo e de uma boa noção sobre o perfil da empresa a quem você está apresentando a solução. Dessa maneira, você terá maior motivação e confiança, que será naturalmente transmitida em seu contato inicial, não apenas com palavras mas na forma como você fala e se apresenta.

Tenha convicção de que o conteúdo que irá oferecer é relevante, até mesmo porque você selecionou as empresas que está contactando, e elas têm um perfil similar a seus principais clientes. Você é um solucionador de problemas e sua empresa tem valor a agregar para o seu contato.

Compreenda que a maneira de falar importa bastante. Tanto quanto o que você fala. Por isso você deve estar confortável e soar o mais natural possível no seu contato, mantendo a forma como fala, sem maiores formalidades ou desculpas por estar interrompendo e tomando algum tempo do seu cliente potencial.

Não se mostre intimidado ou tenso e fique atento para não alterar a voz. Fale como se estivesse falando com amigos, usando um tom informal e seguro. Sorria, pois seu sorriso será transmitido ao tom da voz. Seja amigável. Não seja exageradamente respeitoso, afinal, vocês são profissionais com igual relevância e é importante que isso seja transmitido pela forma como a conversa se desenrola. Mostrar entusiasmo e confiança faz com que você tenha maiores chances de sucesso.

Se o encontro for presencial, é importante que também tenha noção da sua postura corporal e expressão facial. E não se esqueça de vestir-se adequadamente à ocasião, de forma que você se sinta bem no local onde estiver.

Seja rápido para que a pessoa possa voltar logo ao que estava fazendo. Mas não tenha ou demonstre pressa. Seja claro em relação à razão pela qual você está fazendo o contato. Seja relevante acerca dos problemas que você pode resolver para a pessoa, pois ela certamente estará pensando: "O que isso importa pra mim?" Portanto, pense nas razões dela, e não nas suas.

Se, por acaso, você estiver falando com a secretária ou outra pessoa que seja apenas uma ponte para chegar a quem você realmente precisa, mantenha a mesma postura amigável e próxima e não seja indiferente. Use seu tempo para criar algum tipo de conexão, seja amistoso, use o humor e peça ajuda sempre que necessário. Dessa forma, estará mais perto de falar com quem você realmente precisa.

Você é um solucionador de problemas e sua empresa tem valor a agregar para o seu contato.

ESTRUTURA BÁSICA DO CONTATO

Seu contato deverá ser precedido de um preparo e treinamento que lhe dão maior confiança e agilidade para alcançar suas metas de vendas. Você pode ter um passo a passo do que deve ser feito, sempre lembrando que o mais importante é se dedicar a entender a forma de solucionar o problema do seu potencial cliente, sendo necessário ter empatia e entender que a conversa é mais sobre ele do que sobre você.

Não exagere na preparação, pois você tem muitos contatos a fazer. O mais importante é realizá-los da forma que propôs em seu plano de trabalho, sabendo sempre com quem está lidando, as razões da ligação e aonde você quer chegar.

Não busque o perfeccionismo. Sendo um primeiro contato, tenha uma estrutura básica que atenda a todos e, se necessário, faça pequenas adaptações de acordo com o perfil do seu futuro cliente. Busque produtividade com eficiência, pois como já falamos, em vendas, a matemática importa.

Não memorize a sua fala de forma robótica, mas treine bastante os pontos principais que serão abordados, de forma que eles estejam "no sangue" e possam ser adaptados facilmente a cada situação. É importante você manter um certo padrão para que tenha maior produtividade e para que não perca tempo, tendo que pensar tudo do zero a cada nova prospecção.

Demonstre que você se importa, fazendo as perguntas certas e ouvindo com atenção. Tenha em mente o caminho que deve ser percorrido, que provavelmente terá 4 etapas:

1- Ganhe a atenção.

Diga o nome do cliente para reter a sua atenção e também para que haja a demonstração de que ele é uma pessoa importante para você. Siga em frente sem pausas.

Não pergunte "Como você vai?" ou "Esse é um bom momento?", pois você poderá receber uma resposta que não vai gostar, do tipo "Quem é você?", e o fluxo da conversa vai ser interrompido antes de chegar ao ponto principal.

> Exemplo:
> "*Olá, Marcelo! Sou o João, consultor de negócios da X, especializada em empresas em crescimento como a sua. Vou te roubar apenas um minuto do seu tempo*" (ou seja, você não precisa fingir que não está atrapalhando e tomando o tempo dele).
>
> Se não for realmente possível falar no momento, ele dirá. Entenda, não insista e deixe engatilhada uma segunda ligação:
>
> "Olá, Marcelo! Aqui é o João, te liguei outro dia, quando você estava entrando em uma reunião..."

2- Diga claramente o que você oferece a ele.

Vá direto ao ponto, sem enrolação. Não peça permissão para falar do seu produto ou serviço. Você precisa ter uma mensagem clara e relevante. Não faça pausas e coloque suas principais cartas sobre a mesa, ou seja, duas das principais questões em que você tem atuado junto a seus clientes (pegue as que forem mais alinhadas com o perfil do seu prospect).

Pense no seu STORYTELLING e em como sua empresa atua na solução de problemas. Fale naturalmente sobre novas oportunidades, ampliação das receitas, redução de custos, aprimoramento do *status quo* ou eliminação de dores. Dê algum exemplo de como você ajudou outros clientes, uma prova do que está falando.

> Exemplo:
> "*Nosso time tem atuado junto a empresas como a sua, alcançando resultados importantes para eles no aumento de produtividade e na redução de custos operacionais. Agora mesmo,*

estamos realizando um trabalho com a empresa Y, que elevou em 30% a quantidade de visitas de sua equipe externa."

3- Diga qual o seu interesse.

Coloque na mesa seu objetivo com o contato, de forma simples e direta. O que você espera dele? Não fique enrolando e enchendo linguiça. Entenda sempre que seu prospect está interessado apenas nos problemas dele, e não nos seus.

Alguns dos seus objetivos iniciais podem ser "aprender sobre o negócio", "entender melhor a situação atual", "compartilhar boas práticas", "verificar se faz sentido seguir adiante", "solicitar uma informação importante", dentre outros.

Exemplo:
"Eu gostaria de compartilhar algumas soluções que já conseguimos na sua área e conhecer mais sobre a sua empresa, a fim de entender se conseguiremos ajudar vocês também."

4- Peça o que precisa, pare de falar e comece a ouvir.

Não existe outra forma. Você precisa deixar claro o que precisa do seu contato. Então, pergunte. Mas pergunte com a confiança de quem sabe que vai conseguir.

Geralmente, em um primeiro contato, você precisará de algo como "agendar uma visita", "marcar uma call" ou "agendar uma demonstração", todos eles com dia e hora definidos.

Exemplo:
"Podemos agendar uma rápida call de 15 minutos na próxima semana? Eu tenho horários na 3ª e na 5ª pela manhã. O que ficaria melhor para vocês?"

Nosso instinto nessas horas é continuar falando para preencher o espaço do silêncio e evitar aquela possível resposta negativa. Entretanto, após colocar na mesa o que deseja, pare de falar e comece a ouvir. Esteja preparado tanto para seguir adiante de forma objetiva quanto para lidar com objeções. Não perca tempo, pois o quanto antes você tiver uma resposta, poderá passar ao próximo passo ou ir atrás do próximo prospect de sua lista (lembre-se da matemática da venda).

Se não conseguir o que deseja de primeira, insista e volte a perguntar mais adiante, pois muitas vezes o primeiro "não" é quase automático e você ainda tem chance de conseguir o que quer.

Em geral, uma parte dos contatos terá interesse, outra parte será desagradável e não terá interesse (siga adiante!), e uma parte final ficará em cima do muro; esta você poderá tentar novamente mais adiante. O importante é seguir com os contatos a cada dia, construindo uma base de leads para o seu funil de vendas.

Caso sua empresa lide com negociações mais pontuais e de altos valores, ou caso você já tenha a possibilidade de fazer o primeiro contato com uma pessoa de alto nível hierárquico e tomadora de decisão em relação ao que você oferece, você deverá analisar a possibilidade de ir mais a fundo em sua pesquisa e na adaptação do seu conteúdo às necessidades deles, criando assim uma ponte mais estratégica entre o que você oferece e os anseios do seu prospect.

Ter o contato inicial nesse nível faz com que você pule algumas etapas, indo direto ao tomador de decisões, mas por outro lado coloca você diante de uma situação sobre a qual ainda não levantou maiores informações, você está diante de um "vai ou racha". Por isso, mesmo gastando um pouco mais de tempo, vale o esforço adicional na preparação do seu contato inicial e no entendimento prévio da situação.

Lembre que as pessoas geralmente tomam decisões baseadas primeiramente na emoção, para logo em seguida buscar um suporte racional que as justifique. Dessa forma, é importante entender como ir ao encontro das questões mais relevantes para o tomador de decisões — sendo ele um CEO ou COO, por exemplo — e como ele poderá enxergar em você e na sua empresa um possível solucionador de problemas, um agregador de resultados ou ambos.

Para isso, você precisa ter a capacidade de se colocar no lugar da outra pessoa a fim de entender o que é mais importante para ela, o que toca o seu coração e o que faz mais sentido. O que a fará se sentir mais perto de alcançar seus melhores resultados e ficar mais longe dos seus maiores receios?

Por um lado, provavelmente seus desejos estarão relacionados a segurança, esperança, tranquilidade, controle, lucratividade, crescimento e produtividade. Por outro, seus medos provavelmente estarão ligados a estresse, ansiedade, custos, segurança e problemas inesperados. Saiba levar ao seu prospect uma solução para algumas dessas questões e você estará mais perto de fechar um novo negócio.

Demonstre que você se importa, fazendo as perguntas certas e ouvindo com atenção.

SOCIAL SELLING

A combinação da prospecção outbound com um trabalho de inbound marketing que gere leads qualificados a serem trabalhados provavelmente é a melhor forma de gerar novas vendas para o seu negócio.

O social selling, ou vendas sociais, se encaixa nessa estratégia na medida em que é um processo de construção de relacionamentos e ampliação da familiaridade do seu público-alvo com a sua empresa, produto ou serviço.

A evolução em velocidade cada vez maior da internet altera esse cenário continuamente, e novas redes sociais poderão aparecer e se tornar preponderantes em não muito tempo. Por isso, é importante se manter atualizado de forma que você esteja onde o seu público está, e com isso tenha maior alcance e maior eficiência em suas ações. Por exemplo, se atua no segmento B to B, nos dias atuais você deve estar no LinkedIn.

LinkedIn, Twitter, Instagram, Facebook, Tik Tok e Pinterest são exemplos de redes sociais em que é possível realizar o social selling na internet. Mas não esqueça que a ampliação do seu network pode e deve ser feita também em “carne e osso” sempre que possível.

Através desses relacionamentos é possível obter maiores informações do seu público, ampliar sua credibilidade por meio da geração de um conteúdo relevante e gerar o interesse imediato ou potencial poraquilo que você oferece.

Mas não pense que tudo são flores, pois a concorrência para atrair a atenção das pessoas é imensa e o trabalho de geração e curadoria de conteúdo deve ser contínuo, consistente e intenso. Além disso, os custos para alavancar o engajamento e a interação nas redes sociais e ampliar o seu alcance é cada dia maior.

- EM GERAL, O SOCIAL SELLING NÃO GERA VENDAS POR SI SÓ E PRECISA SER COMPLEMENTADO PELO CONTATO E PELA BOA E VELHA INTERAÇÃO COM SEU PROSPECT.

- NÃO SUBSTITUA NUNCA SUA PROSPECÇÃO POR E-MAIL, TELEFONE OU PRESENCIAL POR SUAS AÇÕES DE SOCIAL SELLING.

- USAR AS REDES SOCIAIS PODE SER BASTANTE VICIANTE E FAZER VOCÊ PERDER O CONTROLE DO SEU DIA. PORTANTO, SEPARE UM TEMPO DIÁRIO PARA O TRABALHO — ALGO COMO 30 MINUTOS — SEJA OBJETIVO NO QUE DEVE SER FEITO E NÃO PERCA TEMPO NA INTERNET, NAVEGANDO SEM RUMO.

- ESTEJA PRESENTE EM GRUPOS DO SEU INTERESSE E RELACIONADOS AO SEU NEGÓCIO. CURTA, COMPARTILHE E COMENTE PUBLICAÇÕES, DE MODO QUE AS PESSOAS APRECIEM O SEU ENGAJAMENTO E LEMBREM-SE DE VOCÊ.

- VOCÊ NÃO PRECISA CRIAR SEMPRE CONTEÚDOS INÉDITOS. USE FERRAMENTAS QUE LHE PERMITAM PESQUISAR CONTEÚDOS INTERESSANTES QUE POSSAM SER COMPARTILHADOS COM SEU PÚBLICO.

USANDO E-MAILS COM SUCESSO

Dentro do seu mix de ferramentas a ser usado para prospecção, o e-mail não pode ficar de fora. Para que você obtenha os melhores resultados, é importante se fazer algumas perguntas:

- QUAL É O PÚBLICO DO SEU E-MAIL?

- EXISTE UMA FORMA DE ATRAIR A ATENÇÃO DELE? QUAL GANCHO PODE SER USADO?

- COMO CRIAR UM CONTEÚDO RELEVANTE, RELACIONADO AO SEU TARGET?

- COMO GERAR A AÇÃO NECESSÁRIA POR PARTE DO SEU PROSPECT?

O primeiro cuidado ao enviar e-mails é para que eles não caiam na caixa de spam dos seus destinatários. A fim de que isso não ocorra, evite utilizar domínios novos para envios de e-mails em grandes quantidades, evite anexos e hiperlinks, não utilize no assunto mensagens promocionais muito comuns, não envie muitos e-mails para pessoas da mesma empresa e mantenha atualizada a sua base de dados.

E-mails que chegam de empresas e pessoas que conhecemos tendem a ter uma maior taxa de abertura, portanto é importante todo trabalho prévio para ampliação da familiaridade de seu target com a sua empresa e marca.

O assunto do e-mail tem papel crucial para que mais pessoas sejam atingidas pela sua mensagem. Prefira frases curtas, afirmativas, criativas e que conectem seu público a uma questão importante para ele, de preferência algo que mexa com a sua emoção.

Lembre-se de que o conteúdo do seu e-mail é algo que deverá conectar os pontos entre o problema do seu público e o que você tem a oferecer. Seja claro e objetivo, pois as pessoas não vão ler textos muito longos ou poluídos.

Por fim, você deve facilitar ao máximo para que a ação que você necessita seja realizada, o famoso call to action. Ajude seu prospect a seguir adiante, disponibilizando um botão para que ele possa facilmente preencher um formulário, iniciar um teste ou agendar uma apresentação diretamente no seu calendário. Lembre que o prospect está lhe dando algo valioso para ele — que é o seu tempo — e por isso deverá estar claro o que ele poderá ganhar de volta.

REFERÊNCIAS E BOCA A BOCA

O nível de satisfação dos clientes com seu produto e/ou serviço oferecido é fundamental para que você consiga alavancar um comportamento do seu cliente que lhe trará importantes resultados mais adiante, seja através de um boca a boca que amplie o conhecimento que as pessoas têm da sua marca, seja através de referências que levem a potenciais clientes.

Tudo começa com a entrega de uma solução que proporcione ao seu cliente uma grata experiência, superando as expectativas dele e gerando satisfação em relação a sua entrega.

O esforço no pós-venda e na manutenção dos seus clientes atuais dá frutos saborosos e vale muito o seu tempo investido. Não basta impressioná-los antes da compra. É preciso deixar uma boa impressão e depois entregar ainda mais do que o prometido. Por isso, cuide bem do cliente para ter a chance de conquistar o seu mercado.

Para manter a fidelidade dele, é preciso entregar e manter seus serviços com alta qualidade e superar a concorrência. Portanto, essa busca deve ser algo natural e fazer parte do dia a dia do seu negócio. Desleixo em relação ao cliente poderá fazer você perdê-lo e jogá-lo no colo da concorrência, e certamente afetar sua imagem no mercado e sugará todo o potencial de boas recomendações e vendas futuras que poderiam surgir.

Pense sempre em como entregar mais do que se espera e você estará no caminho certo. Eleve o seu padrão, de tal forma que os insatisfeitos sejam os clientes dos seus concorrentes por não terem o que você oferece. É claro que problemas vão existir, pois é impossível que todos estejam todo o tempo satisfeitos. Não se esconda. Vá atrás e resolva, transformando um potencial problema em um cliente fiel.

Como já falamos, não force a venda para fechar um negócio que não faça muito sentido, pois apesar de parecer ser um ganho a princípio, esse é o cliente que, por não se encaixar no perfil adequado ao que você oferece, tende a lhe exigir maior energia e a gerar maior desgaste para sua equipe e sua imagem. Clientes de qualidade são o passo inicial para se manter um alto nível de satisfação.

Todo o esforço em superar as expectativas vale a pena, pois as sementes plantadas da qualidade de serviço serão a certeza de resultados futuros, tanto em termos de imagem mercadológica quanto em termos de novos negócios surgidos a partir de indicações de seus clientes. Aliás, não espere sentado apenas as indicações espontâneas. Peça por elas, seja informalmente ou através de programas member get member que deem benefícios tanto para seu cliente atual quanto para seu novo cliente. Receber indicações é uma das armas mais poderosas e de menor custo que você tem em mãos e pagará com sobras todo o seu esforço em manter um nível de serviços de alta qualidade.

Todo o esforço em superar as expectativas vale a pena, pois as sementes plantadas da qualidade de serviço serão a certeza de resultados futuros.

TRABALHANDO LEADS DO INBOUND MARKETING

Os leads que chegam através do inbound marketing têm um alto potencial para geração de novos negócios, até mesmo porque o lead já terá se deparado com um conteúdo referente à sua empresa e por isso a chance dele estar buscando, naquele momento, a solução que você oferece é maior do que em uma prospecção. Nela, além do fit entre a solução oferecida e a necessidade do prospect, o timing também é relevante, pois muitas vezes o que você oferece pode interessar ao prospect, mas o momento pode não ser o mais adequado por diversas razões, seja porque ele já teve seu problema atendido ou porque não é a sua prioridade no momento.

Por outro lado, o lead que entra em contato está ativamente em busca, naquele exato momento, de algo que provavelmente você poderá entregar. Por isso, você precisa de agilidade.

O primeiro passo a ser dado quando um lead procura a sua empresa é entender se ele faz realmente sentido e se é algo com potencial. Caso o lead tenha preenchido um formulário (em uma landing page, por exemplo), faça uma rápida pesquisa nos dados recebidos — que podem conter o e-mail, o nome da empresa, a área de atuação, o cargo da pessoa, uma mensagem enviada, entre outros — e obtenha o primeiro filtro, sem a necessidade de um primeiro contato.

Nesse primeiro instante, vale a pena qualificar seu lead através de pesquisas no site da empresa, em artigos no Google e no LinkedIn do contato recebido. Essa pesquisa poderá ser mais ou menos aprofundada, dependendo do perfil do seu negócio. Geralmente, negócios que têm transações de valores mais elevados recebem menos quantidades de leads, e com isso é possível se debruçar um pouco mais na pesquisa sobre cada um deles.

De qualquer maneira, você não pode de modo algum perder o timing, por isso essa pesquisa inicial deverá ser rápida e não passar de uns 10 minutos na média. O mais importante é que havendo potencial ou na dúvida sobre ele, você ou sua equipe entre rapidamente em contato com o lead recebido para dar seguimento ao processo da venda.

Nesse contato inicial, você provavelmente irá apenas aprofundar um pouco o conhecimento sobre o cliente, demonstrar que está interessado em atendê-lo, ouvir o que ele tem a falar, dar um primeiro panorama sobre a sua solução e indicar se ela atenderá o que ele necessita. Em seguida será necessário definir os próximos passos, que irão depender do desenho do seu processo de vendas, já abordado anteriormente.

É muito comum que esse primeiro contato não seja conseguido de imediato, mas é fundamental que você persista. A prioridade será conseguir contactar seu lead por telefone, mas se não for possível, tente o WhatsApp e por fim o e-mail. Muitas vezes a venda é perdida pois não se consegue rapidamente o contato e o lead vai ficando para trás. Lembre-se de que foi ele que o procurou e que você está atendendo a uma solicitação para ajudá-lo com seu problema, por isso não tenha receio de ser insistente. Utilize seu CRM para organizar e planejar as tarefas que devem ser feitas e para que nenhum lead qualificado seja deixado para trás sem que seja exaustivamente buscado o contato com ele.

Seja qual for o meio de contato, valorize seu lead e saiba que ele é fruto de um grande esforço e investimento de sua empresa, seja no bom atendimento aos seus clientes que tenham levado a uma nova indicação, ou seja através do esforço de sua área de marketing através de campanhas, promoções, SEO, criação de sites e landing pages ou da geração de conteúdo relevante para o seu público. Seu lead teve um custo, portanto, não deixe passar a oportunidade e aproveite ao máximo essa fonte potencial de novos negócios.

Valorize seu lead e saiba que ele é fruto de um grande esforço e investimento da sua empresa.

VÁ ALÉM

Se o seu negócio permitir, trabalhe uma segunda venda logo após o fechamento da primeira. É a clássica pipoca no cinema. Ofereça algo a mais, um add-on que agregue ao que já foi adquirido. A segunda venda é mais fácil que a primeira e subconscientemente é usada pelo comprador para justificá-la. Incremente a sua rentabilidade sem muito esforço adicional, mas não seja chato e aceite caso a segunda venda não seja realizada, pois você ainda terá outras oportunidades adiante.

Faça um follow-up contínuo e mantenha-se em contato com seus clientes, pois isso irá certamente lhe proporcionar oportunidades de negócios, como a realização do cross-selling. Portanto, lembre-se de que mantê-los no radar faz parte do seu trabalho em bons e maus momentos.

Reative seus contatos com clientes antigos. Entenda o que eles estão fazendo e se você pode ajudá-los em alguma coisa. Curta ou comente suas publicações nas redes sociais. Peça alguma ajuda, por exemplo, para avaliarem um novo lançamento sobre algo que eles entendam ou para comentarem sobre um artigo que você está escrevendo e que precisa ser avaliado.

Não tenha receio em reativar seus contatos, pois todo mundo gosta de ser lembrado. Trabalhe essa sua mina de ouro esquecida e reative seu network. Ligue para as pessoas, interaja em suas redes sociais ou convide para um bate-papo em um café ou almoço. Você precisa estar na chuva para se molhar, e esses contatos podem ser um importante elo gerador de novas oportunidades. Portanto, não pense demais, faça os contatos e não julgue cada resultado. Apenas siga em frente, pois qualquer contato é melhor do que nenhum, e você não tem nada a perder.

Não desista definitivamente de prospects que não fecharam negócios com você e que, na ocasião, preferiram a concorrência. Mantenha-se por perto e mostre que tem novidades. Mostre que você os considera importantes e que está disposto a entregar a melhor solução.

Sempre que possível, visite seus contatos pessoalmente. Aproveite que está passando por perto e faça uma visita. Ser visto é fundamental para a geração de oportunidades. Se você se esconder atrás de uma mesa, deixará essas oportunidades passarem.

Mantenha-se atualizado, foque nas inovações e na melhoria contínua de seu produto ou serviço e crie novas histórias a fim de que você tenha um conteúdo novo para trocar e uma forte razão para a realização de novos contatos.

Entenda os ciclos econômicos e não reduza sua energia em tempos de crise e de recessão. Mesmo que os retornos não sejam os mesmos, é sempre melhor estar em ação e conseguir alguma coisa do que nada. No mínimo, você será mais lembrado quando a economia voltar a crescer. Lembre que, para não sofrer em momentos de crise, é necessário agir com inteligência, proatividade e altas doses de energia.

Não negligencie o momento do fechamento da venda. Você já percorreu um longo caminho identificando seu target, suas necessidades, gerando relacionamento e apresentando sua solução. Mantenha os níveis de energia e entusiasmo para que sua negociação chegue a um final feliz, com a assinatura do contrato e/ou a troca do que foi oferecido pelo seu valor financeiro. É comum que seu cliente tenha um último suspiro de indecisão. Esteja ao lado dele e ajude-o a ter a confiança necessária e a certeza de que está fazendo a coisa certa.

PALAVRAS FINAIS

Problemas só são problemas enquanto não encontram uma solução.

Soluções só se tornam realmente soluções quando encontram os problemas que irão solucionar.

Sem um elo que os una, os problemas crescem e as soluções desaparecem, sem mais sentido.

A venda é esse elo, a ponte de ligação. E o vendedor é o seu construtor.

Vender é nobre. É a arte de ouvir e de encontrar soluções para os problemas dos outros, e dessa forma achar um caminho para a construção de sonhos.

Para isso, é preciso sangue, suor e lágrimas. E uma boa pitada de vocação.

Mas o esforço vale a pena, pois ser um agente e um observador privilegiado desse encontro entre problemas e soluções traz um sentimento pleno de dever cumprido.

Vendedores são ao mesmo tempo desbravadores de novas terras e cultivadores de campos férteis, onde plantam suas ideias e cuidam de suas realizações.

Corajosos e perseverantes, vendedores possuem o superpoder da proatividade, e por isso fazem acontecer.

Vendedores são colecionadores de muitas vitórias e de algumas derrotas, de muitas alegrias e de algumas tristezas, mas sempre seguindo em frente como protagonistas de um mundo melhor.

Parabéns! Vocês fazem o mundo girar!

SUCESSO